遠距離介護の幸せなカタチ

要介護の母を持つ私が
専門家とたどり着いた
みんなが笑顔になる方法

柴田理恵

祥伝社

強くて、逞《たくま》しくて、
幼心に本当に怖くて、
でも奥底では優しい、
そんな私の母が、
ある日、富山の実家で
突然の病に倒れました。

当時88歳でしたから、
無理もありません。
ところが、それを機に、
母は介護なしには
日常生活を送れない
要介護4と認定されます。

母が入院する病院に駆けつける中、
私の胸中には……

母を富山から東京に
引き取ったほうが
いいんじゃないだろうか？

でも、以前、母には
東京での同居は断られたし。
母の大事なものはすべて
富山にあるから……。

仕事を辞めて、実家に帰った
知人もいたけれど、そうはいっても
仕事は辞められないし……。

さまざまな思いが
去来しました。

その結果、
「遠距離介護」
という選択に至ったのです。

みなさんも、地元に単身で暮らす
高齢の親御さんがいて不安があったり、
介護が始まって離職問題や施設のことで、
頭を悩まされていたりは、
しないでしょうか？

私自身も同じ悩みを抱え、
一進一退しながら、
現在進行形で母の状況と
向き合っています。

そこで今回、この本では、
三人の専門家の先生に

●「遠距離介護」
●「在宅介護・医療」
●「介護に関するお金」

について、実際に
そうした状況に直面した際、
どうしたらいいのか、
教えていただきました。

親が変わってしまうショック、
介護離職はどうなのか、
外部の支援をどう受けるか、
相談はどこにすればいいのか、
老人ホームか在宅か、
介護保険はどう使えるのかｅｔｃ…

なかなか難しい問題ですが、
いま遠距離介護中の私も、
知らないことがたくさんありました。
だからこそ、わが家の話をきっかけに
このセンシティブなテーマを取り扱うことは
意義のあることかもしれないと思いました。

そこで、まずは専門家の先生方の
お話の前の入口として、
私の体験からお伝えしたいと思います。
どうかわが家のパートは、気を楽に
盛大に笑って読んでください。

この本が、少しでもみなさんの
お役に立てれば幸いです！

目次

第1章 「遠距離介護」は葛藤がいっぱい！

1 突然降りかかった富山に住む母の病 …… 20
・腎盂炎で緊急入院 …… 21
・拒否した延命治療 …… 24
・要介護4——出した結論は「遠距離介護」 …… 28
2 驚異の回復を見せてくれた気丈な母 …… 33

男社会に挑戦し続けた母の生きざま …… 33
心優しき「怖い教師」 …… 37
母をその気にさせた「ニンジン作戦」 …… 40
圧迫骨折にもめげず、正月は一時帰宅 …… 43
要介護1まで回復し、ついに帰宅できることに！ …… 46

3 「高齢の一人暮らし」を支えるもの …… 48

「母の一人暮らし復帰」のために行なったこと …… 48
ケアプランと在宅介護費用 …… 51
二日酔いのままデイサービスへ …… 53
出たり入ったりを繰り返す日々 …… 58
コロナ禍の「遠距離介護」 …… 61
「遠距離介護」を支えてくださる人、遠距離から私ができること …… 64
母が教えてくれる人生のしまい方 …… 67
柴田理恵が体験した遠距離介護のリアル …… 72

第2章

教えて専門家の人！

遠距離介護はどうすればうまくいくか、教えてください！

1 介護に臨む前に知っておいてほしいこと …… 77

- 親孝行の罠 …… 77
- 変わってしまった親の姿にショックを受ける …… 81
- 「親の新たな一面を知れてよかった」と思えることの大切さ …… 84
- 一人っ子の遠距離介護はラッキー …… 87
- 親の介護は最初から外部の支援を仰ぐべき …… 90
- 親が子どもに過度に依存しているときはプロの力を借りる …… 94

2 親にとって一番いい介護とは？ …… 100

- 仕事ができる人ほど、介護離職に追い込まれる …… 100
- 介護は頑張った人ほど後悔が多い …… 104

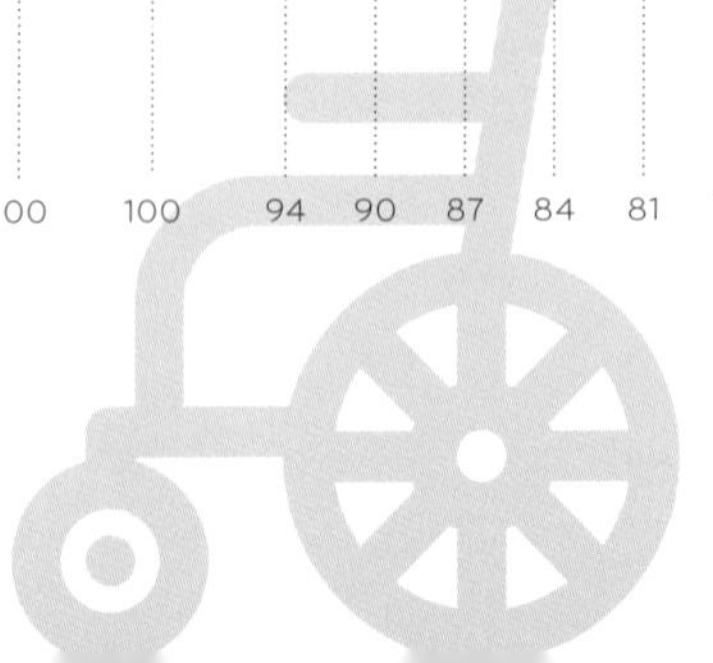

・後悔をゼロにはできない、悩んで最善と思うことをするしかない 106
・親にとって何が一番幸せなのか、を考える 110
・家族の都合で親の介護をしてはいけない 117

3 介護サービスへの上手な頼り方

介護サービスへの上手な頼り方 125
・地域包括支援センターは一番いい介護の方法を見つける第一歩 125
・「何かあったら許さん！」では、介護スタッフは働けない 130
・不満や揉め事も、ケアマネジャーや地域包括支援センターに相談 135
・在宅介護を選んだ人が自宅のお風呂で亡くなったら不幸？ 139
・親には「この先10年、何を大事にしたい？」と聞く 141
・お金をかければ、親にとっていい介護ができるわけではない 144
・施設入居で大事なこと 148
・介護は親から子どもへのメッセージ 150
遠距離介護の専門家に学んだ重要ポイントの復習！ 152

第3章

教えて専門家の人！

在宅介護・医療が必要になった場合、やるべきことは何ですか？

1 ケアプランはどう考えるのがいい？ …… 157

- 親の介護が始まる二つのパターン …… 157
- 小さな違和感は、大きな異変のサイン …… 161
- ケアプランは、状況に応じてリセットされる …… 165
- ケアプランの作成で家族が大事にすべき二つのこと …… 167
- ある程度のリスクならやらせてあげる、という選択もあり …… 172

2 増えている在宅介護・医療のカタチ …… 176

- 在宅でも24時間対応のケアが受けられる地域密着型サービス …… 176
- 地域密着型サービスの費用は安い！ …… 180
- 自宅で看取るという選択 …… 185

亡くなるタイミングを見極めて送る 190
在宅介護を阻む二つの要因 193
施設入居の一番のポイントは看取り率 197
親が望む「残りの人生の幸せ」をキャッチする 199
在宅介護・医療の専門家に学んだ重要ポイントの復習！ 206

第4章 教えて専門家の人！ 介護にかかるお金の問題は、どうしたらいいですか？

1 うちの親に、介護保険は使えますか？ 211
そもそも「介護保険」って何ですか？ 211
介護保険料は地域や所得で違う 214
介護保険を使うには要介護認定が必要 220

- 要介護度に応じて利用できる介護サービスが決まる …… 227
- 介護保険の対象外のサービス …… 231
- 介護保険が使えるのに使っていないケースが多い …… 234

2 介護費用はどれくらいかかりますか？ …… 237

- 介護にかかる費用の平均的な目安 …… 237
- 住宅改修で給付を受けるには、事前申請が必要 …… 238
- 価格差が大きい福祉用具のレンタル代 …… 241
- 親の介護は親のお金でやるのが大原則 …… 245
- 施設介護の費用は？ …… 248
- 必要なのは95歳までのマネープラン …… 253
- 入居一時金の返還規定のチェックは必須 …… 256
- 介護費用の負担を減らすには？ …… 259

介護のお金問題の専門家に学んだ重要ポイントの復習！ …… 264

おわりに …… 266

本書の内容の多くは、2023年9月末までの情報をもとに作成しています。本書刊行後、介護に関する法律や制度の改正、または介護保険等の料金目安が変わる可能性がありますので、あらかじめご了承ください。

- ブックデザイン　田村梓(ten-bin)
- カバーイラスト　梶浦ゆみこ
- DTP　キャップス
- 撮影　津田聡
- 編集協力　坂本邦夫
- 企画協力　ワハハ本舗

第1章

「遠距離介護」は
葛藤がいっぱい！

1 突然降りかかった富山に住む母の病

あんなに元気だったのに……。

親の介護はある日突然やってきます。私の場合もそうでした。

6年前、富山の実家で一人暮らしをしていた母・須美子《すみこ》（当時88歳）が、突然の病に倒れて入院し、一時は「要介護4」に。

前年の晩秋に父・豊一《とよいち》（享年89歳）が亡くなり、今度は自分も入院することになった母は、そんな厳しい状況にあっても「元気になって、また家に帰って一人で暮らしたい」と強く望みました。

以来、母の生きざまを尊重し、寄り添いながら、どうすればその希望が叶えられるのか、あれこれ考え、悩み、工夫する日々を過ごしてきました。もちろん、それは介護スタッフや周囲の人たちの温かい支えがあってのこと。深く深く感謝しています。

私が言うのもなんですが、母は本当に豪快な人で、介護生活は唖然茫然《あぜんぼうぜん》の連続。

大好きなお酒を飲みすぎて転倒、顔面を強打し、翌朝起きたら「お岩さん」みたいになっていたのに、そのままデイサービスに行って介護施設のスタッフを仰天させたことも。

「お母さん、何やってんの⁉」

呆《あき》れかえったことがいったい何度あったことか（苦笑）。

そんなハチャメチャだけど、どこか可笑《おか》しい、母と娘の遠距離介護の物語――。

笑いあり涙ありの舞台、どうか最後までお付き合いください。

腎盂炎で緊急入院

まずは、母が倒れた日のことからお話しします。

あれは2017年10月半ばのことでした。

東京にいる私のスマホに「理恵さん大変！　おばちゃんが入院することになった！」と、親戚《しんせき》のヒトシ君からひどく慌《あわ》てた様子で電話が入ったのです。

母の生家は「おわら風の盆」で知られる富山市の八尾《やつお》で江戸時代から続く宮田《みやだ》旅館を営んでおり、ヒトシ君はその旅館を継いだ母の実姉のお孫さん。私にとっては母方のいとこの息子さん（従甥《じゅうせい》）にあたります。私とは10歳違いで弟みたいな存在です。

その彼から母の突然の入院を知らされたわけです。

私は思わず手にしたスマホに向かって、「えーっ、嘘《うそ》でしょう!?」と叫《さけ》んでいました。というのも、母とはその数日前に、「お父さんの一周忌、どうしようかね?」「そろそろ考えないといけないね」なんて話を電話でしたばかりで、そのときは変わった様子はまったくなかったからです。

実家には週2回、高齢な母の掃除の手伝いなどをしてもらうために、ヘルパーさんに来てもらっていました。母の異変に気づいてくださったのは、そのヘルパーさんでした。

ヒトシ君によれば、その日の朝、ヘルパーさんから「柴田さんが熱を出して苦しそうなんです！　病院へ連れていったほうがいいと思います！」と慌てた様子で電話があったのだそうです。

私は一人っ子で東京暮らし。父が亡くなってから母は実家で一人暮らしをしていましたから、車で10分ほどの母の生家には「ご面倒をおかけしますが、母のことをよろしくお願いします」と頼んであり、緊急時の連絡先にもなっていました。

母の生家は、それを快く受け入れてくれる本当にありがたい一番の親戚なのです。

電話を受けたヒトシ君は、私の実家まで急いでかけつけると、ヘルパーさんの隣でぐったりと横になっている母を見つけます。

「おばちゃん、大丈夫？」と声をかけても、母は「ああ、ヒトシか……」と力なく答えるのが精一杯で、起き上がることもできません。

ただ事ではないと察したヒトシ君は、近くのかかりつけのお医者さんへと母を連れていってくれました。

すると「おしっこが濁《にご》っとる。大きな病院で診《み》てもらったほうがいい」と言われ、すぐに八尾総合病院へ。

それまでも何かあるとお世話になっていた地元で一番の病院です。

検査の結果、母は腎臓《じんぞう》が細菌に感染して炎症を起こす腎盂炎《じんうえん》と診断され、症状が極めて重いことから、そのまま入院することになったのでした。

富山市の八尾にある母の実家の宮田旅館

拒否した延命治療

腎盂炎になると高熱が出ます。細菌が全身に広がると命の危険もある怖い病気です。私もすぐに富山へ行きたかったのですが、どうしても外せないテレビの仕事があり、結局、母を見舞えたのは3日後のことでした。たまたま富山でテレビ番組のロケ撮影があり、その合間をぬって病院へ駆けつけたのです。

私が病室を訪ねたとき、母は敗血症《はいけつしょう》（細菌やウイルスに対して免疫が過剰反応し、自分自身の臓器を傷つけてしまう状態）も起こしていました。

「お母さん、理恵だよ！　わかる？」と呼びかけても、「あぁ……、うぅ……」と呻《うめ》くばかり。ベッドに横たわった母は意識が朦朧《もうろう》とした状態で、まったく会話になりません。私のことも誰だかわからない様子でした。

母は長く小学校の教師を務め、退職後は子どもたちや地域の人たちにお茶や謡《うたい》（能の声楽部分）を教え、ご近所付き合いを楽しみ、お酒もよく嗜《たしな》む、それは気の強い、パワフルな女性でした。

ついこの間まではピンピンしていて、頭も口も足腰もまだまだしっかり。それがいまでは排泄《はいせつ》も意思疎通もできない寝たきりの姿になっている。

人間ってある日突然こんなことになっちゃうんだなぁ……、あまりの変わりように衝撃を受けました。

それに追い打ちをかけたのは、医師の一言でした。

「もし何かあった場合は延命治療をなさいますか？」

あぁ、母の病状は、そんなに悪いのか……、一周忌を前にお父さんが迎えにきちゃったか……、これは危ないかもしれないなぁ……。そう覚悟しました。

と同時に、母がよく口にした終末医療についての言葉を思い出しました。

「鼻からチューブを突っ込まれて、体中に管をつながれてまで生きたくない」

母は私に「延命治療はしてくれるな」とはっきり伝えていました。

私は医師に言いました。

「延命治療はしていただかなくて結構です」

すると医師は、「心臓マッサージもですか？」と尋《たず》ねます。

一瞬考えましたが、やはり、「必要ありません」と答えました。

母は40代で子宮筋腫《しきゅうきんしゅ》の手術をしており、そのとき卵巣《らんそう》も摘出《てきしゅつ》しています。おそらくそのせいでホルモンのバランスが崩れ、重い更年期障害に苦しんだだけでなく、骨がもろくなる骨粗鬆症《こつそそうしょう》にもなりました。このため母は、背骨が潰《つぶ》れたように折れてしまう圧迫骨折を何度も経験、そのたびに激しい痛みに耐えていたのです。

心臓マッサージは、しばしばろっ骨骨折を起こします。長く骨粗鬆症で苦しんできた母に、その苦痛を強《し》いるのはあまりに酷《こく》だと思いました。

ロケを抜け出してきた私は、ほんの1時間ほどしか病院にいられませんでした。すぐに撮影に戻り、それが終わると、急いで東京へと帰らなければなりません。

病室を出るとき、「ごめんね、仕事だから、もう行くね」と母に声をかけました。反応はありませんでしたが、母はそんな私を許してくれるだろうと思いました。母は仕事に生きた人で、何より仕事を大事にする人でしたから。

ひょっとしたら、母の顔を見るのはこれが最後かもしれないなぁ……。

そう思うと、込み上げるものがありました。

車まで見送ってくれたヒトシ君にあとのことを託すと、「ほんとに申し訳ないんだけど、母のことをよろしく頼みます」と頭を下げました。

するとヒトシ君が、「あ、そうだ。大事なことを忘れてた。理恵さん、小春《こはる》を連れてって」と言います。

小春は、父がまだ元気だった頃に飼い始めた雌《めす》の犬（ミニチュアダックスとトイプードルのミックス)で、父が亡くなったあとは、一人になった母の心の支えになっていました。ヒトシ君はその小春を、母が入院した日にペットサロンに預けてくれていたのです。

「うちで飼えればいいんだけど、旅館だから……」

「ほんとにありがとう。大丈夫、うちで飼う」

当時、私の家には晴太郎《はるたろう》という三本足の障害のある雑種の犬がいたのですが、私はロケを終えると、すぐさまペットサロンに立ち寄り、小春をピックアップ。そのまま仕事が待つ東京へ連れて帰りました。

二匹はすぐに打ち解け、まるで兄妹のように仲良しになりました。

母と私、愛犬の晴太郎(右)と小春(左)

要介護4——出した結論は「遠距離介護」

ヒトシ君は、母の病室を毎日訪ね、その都度、様子を知らせてくれました。おかげで抗生物質の投与などの治療が功を奏し、徐々に熱も下がって回復に向かっていることがわかり、胸をなでおろしました。

それでも、実際に顔を見るまではやはり不安でした。

母を見舞ってから1週間。やっと時間の都合ができたので、急いでまた富山の病院を訪ねました。恐る恐る病室へ入ると、母は静かに横になっていました。

「お母さん」と、そっと声をかけると母はゆっくり目を開け、声のありかを少し探しました。視線が私をとらえると、「あぁ、理恵」と驚いた様子でゆっくり口を開きました。

「お母さん、わかる？　私のこと？」

「うん、わかる。あんたは理恵だ」

弱々しい声でしたが、母は確かに私を認め、はっきりとそう言いました。

「よかったあ、心配したんだよ。えらい目にあったね」

「なーに、まだ死にゃしないよ」

いつもの母の口調（ちょっと口が悪い！）に、これなら大丈夫、と心から安堵《あんど》しました。

ですが、だいぶ回復してきたとはいえ、病に侵《おか》された体は極度に弱ってしまい、その時点ではまだ一人だと何もできない寝たきりの状態でした。

そのタイミングでちょうど要介護認定の更新がありました。

その結果は、なんと「要介護4」。

入院する前までの母は、もっとも軽い「要支援1」でした。

要支援1とは、食事やトイレは一人でできるものの、掃除や身のまわりの一部に介助や見守りを必要としたり、立ち上がるときや片足で立ったりする動作に支えを必要とする状態を言います。

▶ 要支援・要介護のレベルとそれぞれの状態

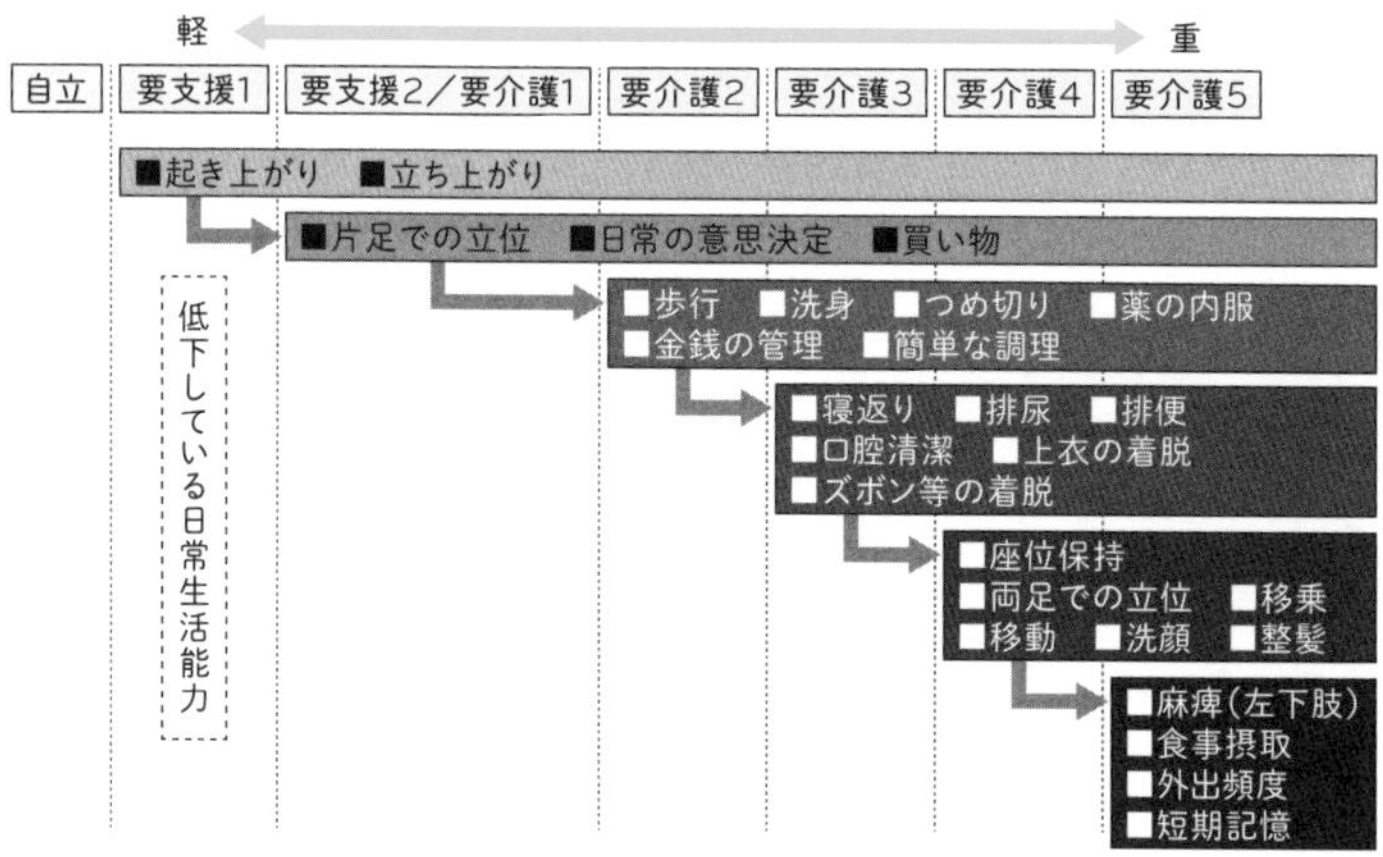

要支援・要介護のレベルとそれぞれの状態。厚生労働省「要介護認定の仕組みと手順」をもとに作成

それが今回の更新で、**2段階ある「要支援」よりも上にある5段階の「要介護」のうち、重いほうから2番目の要介護4。つまり、介護なしには日常生活を送ることができない重度の状態と認定された**のです。

正直、困ったなと思いました。

リハビリでどれだけ身体機能が回復するかわからないし、たとえ回復したとしても、いままでのように富山の実家で一人暮らしをするのはきっと容易ではない。やっぱり東京に引き取って、一緒に暮らしたほうがいいのではないか……。

仕事を辞めて親の介護をする人もいる。実際、そういう選択をした知り合いもいた。私もそうしたほうがいいのでは……。

そんな考えが自然と胸のうちに浮かんできました。

でも、それはないな、とすぐに思い直しました。

実は父が亡くなったとき、母に聞いたことがあるのです。

「よかったら、東京で一緒に暮らさない？」と。

母はその提案を「絶対に嫌だ」と言下《げんか》に断りました。

生まれ育ったところが、自分にとっては一番大事。ここには大切な友人や知人がたくさんいるし、やりたいこともある。だから自分はここを離れない。**そもそも自分の人生は自**

分のもので、あんたの人生はあんたのもの。あんたが仕事を辞めたり減らしたりして、私の介護をするなんてことは考えてくれるな。あんたはあんたの人生を生きなさい――。

母は強い言葉で、そう言いました。

要するに、母には私の知らない大事なコミュニティが富山にあるのです。それを断ち切って東京でゼロから人間関係を築くなどあり得ない。見知らぬ土地で孤独に陥るのが目に見えています。

それに東京へ来てしまえば、子どもたちや地域の人たちにお茶や謡を教えられなくなる。それは教師を退職後の母にとってかけがえのないもので、文字通り生きがいになっていました。

母の大切なものは、みんな富山にあるのです。それを無理やり奪うことはできないし、やってはいけないことだと思いました。

そのうえ、母は「子どもと親は別物なんだ」という考えがとても強かった。

「親だから、子どもだから、といって依存し合うとか頼り合うのは好きじゃない。互いに置かれた立場や環境、歴史は違うわけで、まったく別物なんだから」

よくそう言っていました。

お互いは大好きで、仲の良い親子だけれど、そこは違うんだよ、分けて考えないとね、というのが、すごくはっきりしている人なのです。

なので、私が仕事を辞めたりセーブしたりして母の介護をすることには、当然、ハナから反対でした。それはほかでもない母自身が、何より仕事を大事に思い、生きてきた人だったからです。そんな母の思いを私はよくわかっていました。

私は、「富山で暮らし続けたい」という母の願いを叶えるため、今後のリハビリや退院後の一人暮らしを全力でサポートしようと腹を括《くく》りました。

生活拠点は東京のままで、仕事を続けながら、片道3時間あまりの遠距離介護を行なう覚悟を決めたのです。

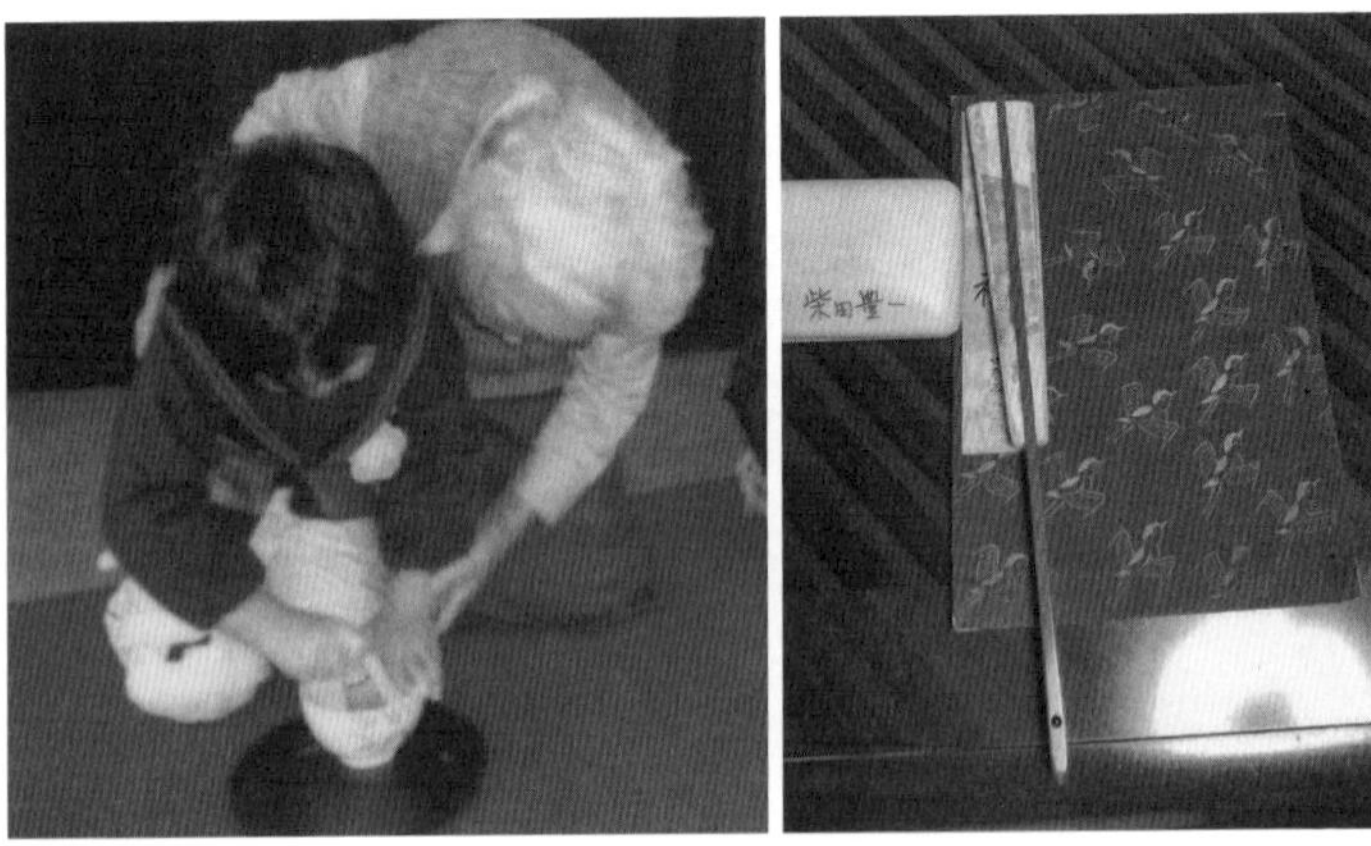

母が使っている謡の本（右）と子どもたちにお茶を教える母の姿（左）

2 驚異の回復を見せてくれた気丈な母

男社会に挑戦し続けた母の生きざま

これまで何度か「母は仕事に生きた人」と書きました。では実際、どんな人生を歩いてきたのか、その強烈なキャラクターも含めて、ここでちょっと紹介させてください。

母は富山市の八尾という場所で生まれ育ちました。旧姓は宮田。生家は前にも述べたように八尾の老舗《しにせ》旅館です。

戦後すぐの1946年3月に旧制の女学校を卒業すると、花嫁修業で洋裁学校へ。しかし男勝《まさ》りで規定路線のように結婚を待つのが嫌な母は、ここを3日で辞めてしまいます。

これは、ちょうどその頃、母のいとこの女性が東京で新聞記者をしていたのも影響していたようです。東京に出て女性の社会進出——そんな姿に母は憧《あこが》れを持っていました。

とはいえ、母の年代では地元を離れて上京するのも簡単ではありません。結局、東京へは行くことができず、生家の旅館で半年ほど手伝いをしていたところに、「代用教員をやらないか」と声がかかりました。若い男が兵隊に取られ、戦後直後でまだ教員不足だったのです。当時17歳の母は「社会に出て自分の仕事ができる！」とこの話を受けることにしました。

母の初任地は富山の山間部の仁歩《にんぶ》という地域。八尾の自宅から片道8㎞。毎日2時間ほど歩いて通いました。交通機関の発達していない当時のことでそれが当たり前でした。

戦後の日本ではＧＨＱ（連合国軍最高司令官総司令部）の占領政策もあり、民主化や男女平等が声高に叫ばれましたが、実際のところはかけ声ばかり。教師の世界も所詮《しょせん》は男社会で、学校運営のほとんどは退勤後の飲み会や麻雀で決まっていくのが実情でした。

それに気づいた母は、それならば、と飲み会があれば必ず参加するし、麻雀にも付き合うようになりました。

ちなみに私は、子どもの頃から「酒を飲めるようになれ」と言われて育ちました。最初はワインに牛乳を入れて、中学生になると本格的に酒を飲まされたのです。母は、酒に弱い女は男に隙《すき》を見せ、危ない目に遭《あ》う、と思ったようです。

麻雀も、誘われてカモにされないように、と中学生で覚えさせられました。正月に家族麻雀をやり、お年玉を全部父と母に巻き上げられたのが忘れられません。カモにされないように身をもって教えてやったのだと二人して笑うのを見て、心の中で呪《のろ》いの言葉を吐いたものです（苦笑）。

それでもありがたい親心のおかげもあって（?）、酒も麻雀も大人になって大いに役立ちました。

それはさておき、退勤後の酒や麻雀の席で学校運営の話が出ると、母はそらきたとばかりに「先生、それは違うんじゃないですか。こうしたほうがいいでしょう」などと臆《おく》することなく堂々と意見をぶつけました。

米国の余剰小麦を輸入するための「米をやめてパンを食え」という給食政策に猛反発し、「米農家の子が、給食費払ってパンを食べるのはおかしい！」と上司や教育委員会に食ってかかったこともありました。

母は理不尽なことに唯々《いい》諾々《だくだく》と従うのが大嫌いで、男社会に挑戦し続けた人でした。男性教師たちとの衝突も多く、時には取っ組み合いの喧嘩《けんか》になったこともあります。

お年玉を巻き上げて社会の厳しさを教えてくれた（?）若き日の父と母

この給食の話のときにはあまりに激しい母の暴れぶりに、見かねた男性教師が後ろから羽交《はが》い締《じ》めにして制止したのですが、それに猛烈に抵抗した母はろっ骨を何本か折る重傷を負っています。それにしても骨が折れるまで抵抗しますか、普通？（苦笑）。母の気性の激しさにはまったく驚くばかりです。

その一方で、母にはピーカンの青空のように天真爛漫《てんしんらんまん》のところもあるから不思議です。教師になりたての頃に若い同僚の男性教師たちと川遊びをしたときの写真が残っているのですが、なんと濡《ぬ》れた下着を岩の上に干し、素っ裸で隠すところだけ隠して笑っているのです。あまりに大胆かつ開放的すぎて、むしろすがすがしいほどです。

また、こんなエピソードもあります。当時は、動物を檻《おり》や柵《さく》に入れるなどして公園で展示する移動動物園というものがあって、母はよく子どもたちを連れて見学に行きました。

そんなある日のこと。猿の檻に子どもが傘を落としてしまいます。母は自らそれを取ろうと檻の中に手を伸ばしました。その刹那、眼鏡を猿に取られてしまい、慌てて取り返そうと柵を越えて猿の檻に入っての大バトル……。

何とか猿から眼鏡を取り返したものの、眼鏡のつるは無惨《むざん》にもグニャリと折れ曲がり、それをかけた母の姿に子どもたちは大爆笑だったとか。まるでドリフのコントです。

母にはそんな逸話や武勇伝が山ほどあります。それらを思い出すたびに、舞台女優としての私の芸風は、やはり母の血かな? と思うのです(笑)。

心優しき「怖い教師」

母が地元の鉄道会社(富山地方鉄道)に勤める父豊一と結婚したのは1957年のこと。母は28歳、父は29歳でした。

父も八尾の人で、生家は祖父の豊三《とよぞう》が開いた柴田理髪店。旧制中学から金沢の理系の専門学校を出た父でしたが、鉄道会社に入ると事務職の労務課に配属され、長く労務畑を歩きました。母はそんな父と地元の青年団活動で知り合い、やがて結ばれ、父の生家の理髪店で暮らし始めます。

母は結婚後も父の了解のもと教師の仕事を続け、1年半後の1959年1月に私が生まれます。母は少しの間だけ産休を取り、すぐに学校に戻りました。

母は仕事をしながら家庭を守るタイプではなく、家庭を脇に置いても仕事に生きるタイプでした。いつも仕事で帰りが遅く、家のことは私と祖父に任せっきり。私は物心ついた頃から掃除やら洗濯やら家事を手伝い、小学生になると、晩ごはんはほとんど毎日、私と祖父が作っていました。老舗旅館のお嬢として育てられた母は家事が苦手だったのです。

あるとき学校の宿題がたくさんあって「今日はお手伝いできん」と言ったら、なんと母は「お手伝いもできんような人間は、宿題なんかせんでいい！」とぴしゃり。

あんた、学校の先生なのにそんなこと言っていいんか⁉　子ども心に人の世の不条理を感じたものです（苦笑）。

幼い頃の私にとって、母はとにかく怖い存在でした。嫌いなおかずは口を割って無理やり食べさせられたし、鶏肉が食べられないときは鶏小屋に閉じ込められ、恐怖のあまり絶叫、気絶しそうになりました。それを見た母は、さすがにやりすぎたと思ったのか「これは失敗だったな」と言って出してくれたのですが、鶏よりあんたのほうがよっぽど怖いわ、と思ったものです（苦笑）。

あと忘れられないのは、お店でほしいものがあり、泣いて駄々をこねたときのこと。二、三度やったことがあるのですが、そのたびに母は私を置き去りにして帰ってしまうのです。泣いても暴れても無駄。母は子どもが声を出して泣くのが大嫌いでした。

泣くと平手打ちをくらい、真冬なのに裸足《はだし》に薄着で外に放り出されたこともあります。富山の冬はそれはそれは寒いのです。そんなことが何度もあって、いつしか悲しいときは黙って泣くのが習い性《しょう》になり、長いこと声を出して泣くことができませんでした。

私はテレビなどで「よく泣く」と言われますが、ひょっとしたら、子どもの頃に思い切り泣けなかった分、涙腺が緩《ゆる》いのかもしれません。

母は学校でもよく手を上げていたようです。いまなら一発でアウトの暴力教師だったのでしょう。教え子たちは口をそろえて「お前の母ちゃん、ほんと怖かった」と言います。

ですが、母は怖いだけの教師ではありませんでした。私が高校生のとき、小学校時代に母が担任した男子と同じクラスになりました。彼は早くにお母さんを亡くし、お父さんとおばあちゃんと暮らしていました。ある日その男子からこんな話を教えてもらいました。

「ばあちゃんが大風邪ひいて寝込んでしまい、遠足の弁当を作れなかったことがある。そのとき、担任だったお前の母ちゃんが代わりに作ってきてくれた。本当に嬉しかった」

教師時代の母と生徒の子どもたち

初めて聞く話でとても驚きました。母はそんな優しい顔を人にはなるべく見せないようにしていたのです。

教え子の方たちはいまでも一人暮らしの母を慕《した》って訪ねてきてくれるし、助けてくれます。そんなところを見ると、怖いだけの教師ではなかったのだな、と改めて思います。

母をその気にさせた「ニンジン作戦」

母は定年を前にした54歳のとき、38年間務めた教師の仕事を辞めました。生徒の親や子どもを取り巻く環境の変化に、どうにも馴染めなくなったのが理由でした。

親からは教師を敬う姿勢が感じられなくなり、子どもに何かあるとすぐに親が出てきて教師の責任を問う。母の世代の教育の仕方が通用しなくなったのです。

若い教師の仕事とプライベートを切り分けるドライな姿勢にも違和感を覚え、衝突することも少なくなかったようです。もはや家庭を脇に置いても仕事に生きる「怖い教師」の時代ではない――。そう思い、自ら幕を下ろしたのでしょう。

退職後は、地元の婦人会の会長をし、前にも述べたように幼稚園や小学校などで子どもたちにお茶を教え、地域の人たちに謡を教えるようになりました。お茶は学校の茶道教室で、謡は自宅で教えていたのですが、長年教師をやってきた母にとって、子どもたちや地域の人たちに日本の伝統文化を教えるのは何よりの生きがいになっていました。だからこそ母は、東京で私と同居するより、富山で一人暮らしを続けたい、と強く望んだわけです。

ならば、**今後の母のリハビリや退院後の一人暮らしは、その生きがいを目標とし、励みにすればいいのではないか、そう思いました。**するとと連想ゲームのように、母はお酒が好きだから、これも背中を押すのに使える! とピンときました。

二度目に富山の病院を訪ね、順調に回復しているのを確認した私は、**母が頑張ってリハビリに取り組めるように鼻の先に二本のニンジンをぶら下げることにしました。**

まずは日本酒です。

「お母さん、元気になったら何がしたい?」

「うーん、そうだねえ」

「お酒は? 飲みたいやろ?」

「そら飲みたい」

「日本酒が好きだもんねえ」

「うん」

「そうしたら、お正月は家に帰って、一緒においしいお酒を飲みたいねえ」

「おいしいおせちも食べたい」

本当に具合が悪かったら、お酒が飲みたいとか、おせちが食べたいなんて言えません。これはイケると思いました。そこでもう一本、切り札のニンジンです。

「なら、お正月のお酒とおせちを目標に、頑張ってリハビリをやらんといけんね。家に帰れなかったら、お茶や謡も教えられんし。子どもたちも待ってるよ、お母さんが帰ってくるのを」

その瞬間、母の顔にかすかですが、「はっ」とした表情が浮かびました。そして一呼吸おくと、自分に言い聞かせるように言ったのです。

「そうだ、子どもたちが待ってる」

「そうだよ。だから先生からリハビリ開始のOKが出たら歩く練習を始めて、お正月には家に帰れるようにしようよ」

「うん、そうだね。頑張る」

母の治りたい気持ちを刺激するニンジン作戦は、見事に成功しました。

介護をする側もされる側も、前向きな気持ちでいられるようにするには、何かしらご褒《ほう》美《び》が必要だと思うのです。人間誰しも目の前にご褒美があれば、やる気が出るものです。

母の場合は、それがお酒であり、子どもたちに教えるお茶や地域の人たちに教える謡であったわけです。

圧迫骨折にもめげず、正月は一時帰宅

母は「お酒」と「お茶と謡」のために何としてもお正月には家に帰るんだ、と精力的にリハビリに励み、みるみる元気になっていきました。

私は東京から1週間に一度くらい富山の病院を訪ねるようにしていたのですが、どんどん体に強さが戻っていくのがわかり、やっぱり目標がある人間はすごいなあ、と驚いたものです。まさに希望こそは活力の源泉だと再認識しました。

ところが好《こう》事《じ》魔《ま》多《おお》しとはよく言ったもので、母は12月の初旬、夜中にトイレに行こうとして転倒、腰椎《ようつい》を圧迫骨折してしまいます。歩く練習のつもりで看護師さんも呼ばず、歩行器も使っていませんでした。

かなり痛かったはずですが、母は夜中なので看護師さんを呼ぶのを遠慮したらしく、私が翌朝、病室を見舞ったときに様子がおかしいので、「どうしたの!?」と尋ねてやっと発覚。医師からは「2週間の絶対安静」が告げられました。

お正月を家で迎えたい一心で、一人で歩行練習を頑張りすぎてのことでしたから、何と

も残念な事故でした。母は、骨折の痛みのことよりも、「せっかくリハビリを頑張ったのに、お正月までもう1カ月しかない」としょげ返るばかり。

そんな母に、私はこう言って励ましました。

「いまは骨折を治すのを最優先して2週間は安静にしようね。そのあとリハビリすれば、お正月に間に合うから。先生もそう言ってるから大丈夫。心配することないよ」

それを聞いた母は「そんなに寝ていたら、歩けんようになる……」とますます顔を曇らせます。

でもそれは、何としても歩けるようになってお正月には家に戻りたい、という母の強い意志の裏返しだと、私にはわかっていました。

母は激情型の人間ですが、一方で極めて論理的に物事を考える人でもあります。悪く言えば理屈っぽいのですが、決してひねくれ者ではない。理を説けばちゃんとわかる人です。

このときも口ではそう言いながら、「2週間は我慢。それからまた頑張る」と気持ちを切り替え、前にも増して精力的にリハビリに励んだのです。

その甲斐あって年末年始（2017年12月30日〜2018年1月3日）は、杖《つえ》をつきながらでしたが、入院先の病院から実家に一時帰宅が叶い、私と一緒に大好きなお酒を飲み、おいしいおせちも食べることができました。

お酒は母が一番好きな地元富山の日本酒を用意したのですが、「あぁ〜、おいしい。お酒が飲めてよかったわぁ」とそれは嬉しそうで、見ているこちらも幸せな気持ちになりました。

母の帰宅に合わせて、あらかじめ家には簡易トイレを付けたりしたのですが、ちょっと手を貸せば一人で家のお手洗いが利用できたので、結局、使いませんでした。

自分でパンツ式のおむつもちゃんと穿《は》けましたし、これならもう少しリハビリを頑張れば、何とか一人暮らしができそうだと、私も希望を膨《ふく》らませることができました。

そして何より母がそれを望んでいまし

リハビリの甲斐もあり、母と一緒に自宅でおせちと日本酒を楽しめた年末年始

た。正月の三が日が明けると母は病院へ戻ったのですが、家を出るとき、しみじみ口にしたのです。

「やっぱり、家で暮らしたい」

私は、何としてもそれを叶えてあげたいと思いました。

要介護1まで回復し、ついに帰宅できることに！

2018年の正月明けに病院へ戻った母は、1月の半ば過ぎには頑張れば何とか一人暮らしができるまでに回復し、退院できることになりました。

しかし、富山はご存じのように雪の多いところで、この冬は例年にも増して大雪でした。いくら回復したとはいえ、家のまわりの雪かきなどは危なくてとてもさせられません。

母が一人で一軒家の自宅に戻るのは暖かくなってからがいいと考えて、春までは病院の隣にある系列の介護老人保健施設（**自宅復帰のためのリハビリや医療ケアを行なう施設。略称「老健」**）**で過ごしてもらうことにしました。**ショートステイを長期で利用する、いわゆるロングショートステイで、ここで春までリハビリを継続しました。

その結果、桜の蕾《つぼみ》がほころぶ頃には、リハビリの先生に見守られながら、一人で外を散歩できるようになりました。こうなると、もう早く家に帰りたくて仕方がない。

あるとき介護施設に母を訪ねると、「ボケた人がいて、同じ話ばかりするからかなわん」と、こぼすこと、こぼすこと(苦笑)。

「そんなこと言ったらよくないよ。誰も好き好んでボケるわけじゃないんだから、しょうがなかろう?」

「それはそうだけど……。でも、もう家に帰りたい。ここにいたくないわ」

そんな愚痴《ぐち》がこぼせるほどに、母は元気になっていました。

母が介護施設から自宅に帰ったのは、同年の4月10日。そのときまでに、**母の要介護認定は、半年前に入院した際の要介護4から、要介護1にまで回復**していたのでした。

3 「高齢の一人暮らし」を支えるもの

「母の一人暮らし復帰」のために行なったこと

母が介護施設で過ごしている間に、私は母が家に戻って一人暮らしに復帰するための準備を始めました。

まず行なったのは、**ケアマネジャーさん、ヘルパーさん、担当医の方などにチームを組んでいただき、ベッドはどういうものがいいか、手すりはどこにどう付ければいいか、といった助言をもらい、それに従って準備を進めること**です（仕事の都合のために、実際には母の生家のヒトシ君にお任せした部分が多く、いまでも本当に感謝しています）。

もともと両親が80代に入った頃、そろそろ自分たちも年だからと、手すりを付けたり、段差をなくしたり、最低限のバリアフリー化は施《ほどこ》してはありました。

ですが、要介護1の母が一人暮らしをするにはそれではとても足りず、**介護保険を利用して手すりを増やしたり、介護ベッドをレンタルしたりするなどしました。**

また、チームの作成したプランに沿って、母が安全かつ快適に暮らせるように、**私もできる限り時間をつくっては実家に帰省をし、家の片付けを行ないました。**

これは、いらないものを捨て、必要なスペースを確保するために家具などを移動し、食器などの台所用品もよく使うものをまとめてコンパクトに収納する、といったことです。

この過程で**難儀したのは、前年に亡くなった父の遺品整理**でした。

実家に帰るたびに母とは「お父さんの荷物をそろそろ片付けなきゃね」と話してはいたのですが、結局、それまではほとんど手つかずのままでした。

そこでいざ整理を始めてみると、父の物と母の物がごっちゃになっていたりして、まずその仕分けをしないといけない。

そのうえで**大まかな父と母の整理すべき物のリストを作り、これを母に見てもらい、いらないと判断したものだけを捨てるようにしました。**

なぜ、そんな面倒なことをしたのかというと、実は以前、「どうしてなんでもかんでも溜めておくの？　捨てちゃえばいいじゃない」と母が持っているものを捨てようとして、ひどく怒られたことがあったからです。

母は「親には親の生き方がある、たとえ親子でもそれは尊重すべきだ」という意識がとても強い人ですから、子どもがいくら自分のやり方が正しいと思っても、それを押しつければ、カチンとくるのです。

あるとき、「これは、こっちにあるほうが便利」と思い、母に黙って物を移したことがあったのですが、次に実家に帰って見ると、しっかり元の位置に戻っていました（苦笑）。親には親の考える暮らしやすさがあるのだ、とそのとき悟りました。

親と子は別人格。自分とは違う存在だと意識し、自分の考えを押しつけない。私はそうしています。

とはいえ、もちろん**衛生面や安全面などは別です。**病気やケガなどをしないように納得してもらうまで伝える努力をします。

たとえば、「温めるのは電子レンジだけにして、お湯を沸かすのは電気ポットにしてね」などといった具合に。

でも、それ以外の部分については、親の考えを尊重するのが親子円満の秘訣《ひけつ》ではないかと思います。

ケアプランと在宅介護費用

2018年4月10日、いよいよ母は介護施設から実家に戻り、半年ぶりに一人暮らしを再開しました。

ケアマネジャーさんとも相談して、介護施設でのデイサービスは月曜と金曜の週2回、ヘルパーさんに自宅に来てもらうのは火曜、木曜、土曜の週3回にして、**1週間のうち水曜日の1日だけは母が自由に使える時間をつくってもらいました。**

なぜそうしたかというと、子どもたちや地域の人たちにお茶や謡を教える時間が必要だったのと、そういう日をつくれば、その日を狙《ねら》ってご近所さんや親戚の人、かつての教え子さんなどが、遊びに来てくれるからです。

一人暮らしの高齢者にとって友人や知人などとのおしゃべりは、単調になりがちな日々の暮らしのいいアクセントになり、潤《うるお》いと刺激を与えてくれます。そうやって**いつも誰かが母と関わってくれるようにした**わけです。

在宅介護スタート時の介護費用は、**介護保険を利用した分が月額2万7652円。**内訳は、**デイサービス／週2回**（月曜・金曜）**に1万7425円、訪問介護／週3回**（火曜・木曜・土曜）**に8997円、福祉用具レンタル**（手すり・介護用ベッドなど）**に1230円**です。

また、**介護保険の適用外でのかかりとしては、生活費としてだいたい月5万円**ほど。その内訳は、**月に1回ほど診てもらう近所の病院代**や**衛生用品などの生活備品**（おむつ代など）、**食費・飲み物代、デイサービスで頼むお弁当代**などです。

よって、ざっくりとですが、わが家の場合、1カ月あたりで在宅介護にかかっていた費用は総計で7万7652円です。この額は月によって多少の変動はありますが、その後もほとんど変わっていません。

その他、病気などもあって在宅での介護が難しくなってからは、病院への入院費用と介護老人保健施設への入所費用が、金額的な負担として大きいところとなりました。

のちほど述べるように、病気の影響もあって母はやがて入院と入所を繰り返すようになるのですが、**入院には月額約21万円、入所には月額約11万円**かかっています。

母は長く教師をやり、それなりの年金や蓄えがあるので、幸いなことにこれらの費用はすべて、母が自分で支払うことができています。私は一銭も出していません。

二日酔いのままデイサービスへ

家に帰って4カ月ほどした2018年の夏、地域で恒例になっているバーベキュー大会がありました。

もともと地域の新旧住民の交流の場としてずいぶん昔に私の両親が企画して始まったもので、母は言い出しっぺということもあり、毎年これに参加するのをとても楽しみにしていました。

この夏の大会は、要介護4の寝たきり状態から無事帰還しての最初の大会でしたから、格別な思い入れがあったようで、母はみんなにお酒を注いで回り、自分も大いに飲んで楽しんだようです。

ところが少々飲みすぎてしまった。夜中にトイレに行こうとして転倒し、顔に〝お岩さん〟みたいなあざをつくってしまったのです。

翌日、母はその顔でデイサービスへ行ったものですから、介護スタッフはびっくり仰天。しかも見るからに具合が悪く、いまにも倒れそう。

「いったいどうしたんですか⁉」

介護スタッフがそう聞くと、母はぼそぼそと昨日何があったのか語ったそうです。要するに飲みすぎで足元がおぼつかなくなって夜中に転倒し、翌日になっても二日酔いで気持ちが悪かったのです。

事の顚末《てんまつ》を知ったスタッフからは、「柴田さん、転ぶほどお酒を飲んではいけません！」と、きつい一言があったそうです。

その話は、介護スタッフから私のもとにもすぐに連絡がありました。「お母さん、何やってるの⁉」と、聞いているこちらが恥ずかしくなりました。

その夜、母に電話して「デイサービスは二日酔いで行くところじゃありません！」と叱《しか》りました。

そんなこともあって、**お風呂も最初のうちは自分で沸かして入っていたのですが、転倒が怖いし、デイサービスで入れるので、自宅では入らなくなりました。**

転倒がらみでもう一つ忘れられないのは押して歩くシルバーカー。あれば便利だと思い、レンタルしたのですが、母はこれを引っ張って買い物カートにしてしまったのです。本来の目的と違う使い方をするとかえって危ないので、少し使っただけで返却しました。

また、**食事はご飯とみそ汁だけは自分で用意して、おかずはヘルパーさんに同行してもらいスーパーで買い物をし、煮物などの食べたいものを作ってもらう**ようにしました。当初、週に4回ほど配食サービスを利用していたのですが、「飽《あ》きる」と言って自分でキャンセルしてしまったのです。

母は料理が苦手のくせに、意外と味にはうるさかったりします。

「みそ汁ならインスタントが簡単だよ。これなんかどう？」と、ある商品を勧めたのですが、口に合わずパス。

「なら、これはどう？」と別の商品を勧めたら、「うん、これならいい」と今度は合格。

みそ汁を飲むなら手作りでなきゃという人が多いかもしれませんが、母は仕事が忙しかったこともあって、もともとインスタントだろうが何だろうが、「使えるものなら何でも使う」という主義なのです。

そういえば、毎日の晩ごはんを私と祖父（母にとっては義父）が作っていたと前に話しましたが、母はほかにもよく「おじいちゃん、私が出かけている間に布団を干しておいて」などと、あれこれ祖父に家事をお願いしていました。

それは一つには仕事で忙しい自分が楽をしたいというのがあったわけですが、実はもう一つ、祖父の認知症予防という隠れた意図もあったのでした。

母が祖父によく家事を頼むようになったのは、祖父の言動が少し怪《あや》しくなり始めてからで、何かしら役割を与え、頭も体も使って忙しくしているほうが、症状の進行を抑えられるのではないか、と考えたのでした。

ですから、「おじいちゃん、庭を掃《は》いとかれよ」などと、簡単な家事を探しては祖父に頼んでいました。それを祖父も嫌がるでもなく淡々とこなしていました。案外、母の意図を感じていたのかもしれません。

そんな母ですから、衰えないためにはできることは自分でやったほうがいいと思っているのでしょう。洗濯は「洗濯機を回すだけにしてね」と言ったのに、干すのも、取り込むのも、自分でやると言って聞きません。

足元が危ないからやめてほしいのですが、止めても聞くような人ではないので、**心身のプラスになっていると信じて任せることにしました。**

それにしても驚いたのは、**母が自分用の1週間の時間割を作っていた**ことです。

月曜と金曜の何時から何時まではデイサービスで迎えが来るのが何時、水曜日の何時から何時まではお茶の指導――、そういう予定が三度の食事も含めて時間単位できれいにまとめてあったのです。

そしてそれを着実に実行していく。母は有言実行の人でした。

なお父の一周忌の法要は、母の入院・リハビリでやれずじまいでしたが、三回忌の法要は母が自宅に戻って半年後の2018年秋に無事に執り行なうことができました。

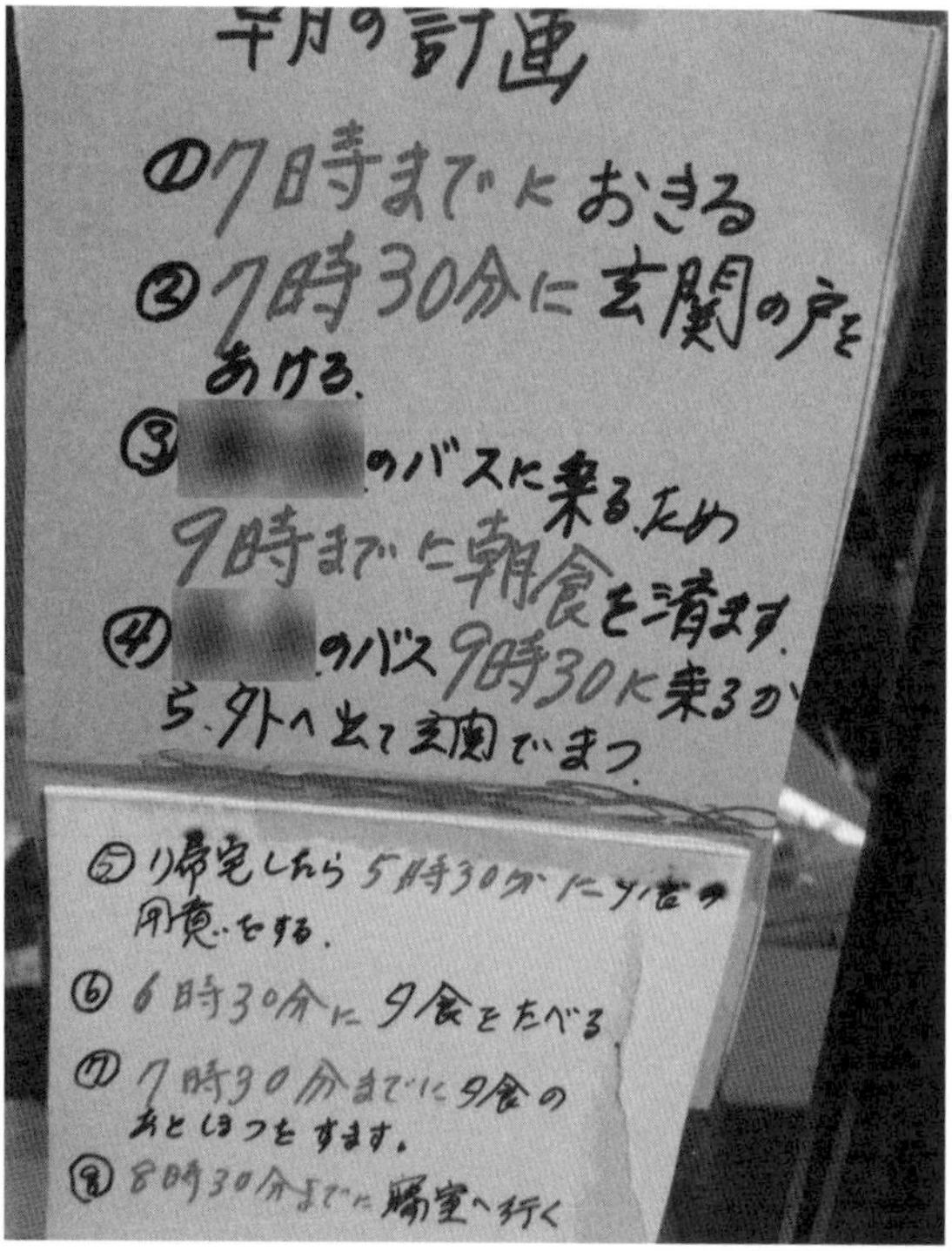

とある日の母の時間割。教師をしていた性分もあってか、時間単位で自分のやることを整理していた母ですが、そのことが高齢の一人暮らしにおいても、規則正しい毎日を送ることにつながっていた気がします

出たり入ったりを繰り返す日々

高齢期になると、どうしても転倒するリスクが高くなります。母もそうで、ここ数年は、転倒して圧迫骨折をしたり、腸閉塞《ちょうへいそく》になったり。

「病院に入院」→「介護施設でロングショートステイ」→「実家で一人暮らし」という、出たり入ったりのサイクルを繰り返しています。基本的に雪の多い冬季は介護施設です。

このサイクルが始まったのは、母が90歳になった2019年の秋のこと。母は体調を崩して入院し、そのとき要介護2の認定を受けました。

本人も体の衰えは自覚しており、前年、89歳になったときには、それまで生きがいにしてきたお茶や謡の指導を引退し、後進に道を譲りました。

それでも謡の稽古だけはやめず、それ以降も週1回、水曜日を「謡の日」と決めて一人で練習してきました。しかも、その予定をきちんと時間割に書き込んで。

そんな母にとって要介護2の認定はかなりショックであったようで、あれほど強気な母が「一人暮らしはもう無理かもしれない……」と口にするようになりました。

それに追い打ちをかけたのは2019年12月の小春の死でした。

前にも書きましたが、小春は母が大事にしていた犬で、母が腎盂炎で入院したのを機に私が引き取っていました。ですから、私が実家に帰る際は必ず小春を連れていきました。久しぶりに母に会えた喜びを全身で示す小春の姿を見て、母はいつも「これ以上ない」という素敵な笑顔を見せてくれました。その小春が死んでしまった。

もともと心臓に持病があって、少し呼吸がつらそうなときもありましたが、ほんの数時間前までは普通に生活していたのです。本当に突然のことで、13歳での永眠でした。

ちなみに小春のお兄さん的な存在だった晴太郎もこの半年前の6月にその命を終えています。14歳でした。

小春の訃報《ふほう》に母は驚き、ひどく落ち込みました。母は小春に会うのが何よりの楽しみで、この入院中も「お正月に

闘病の励みとなり、母にたくさんの笑顔をくれた愛犬の小春

はまた小春を連れていくよ」と言うと、「小春に触れるように頑張る」とお正月を実家で過ごすための励みにしていたのです。結局それは叶いませんでした。

2020年の正月を病院で迎えた母は、寝る前に小春の写真に手を合わせようと姿勢を変えた拍子にバランスを崩して転倒。せっかく歩けるようになっていたのに、また歩けなくなってしまいました。幸い骨折はしておらず、まもなく介護施設のロングショートステイに移ることができました。

数カ月前は、介助が必要な状況に、珍しく「一人暮らしはもう無理かも」と悲観していた母でしたが、リハビリが進み、やがて痛みがなくなると、案の定、「早く家に帰りたい！」と訴えるようになりました。

よほど帰りたかったとみえ、「先生に帰っていいと言われた」と嘘を言い、「こんなところにいたらおかしくなる」と言って泣きました。

そこまで言うならと、ある日、母はお試しの日帰り帰宅が認められ、お世話になっているヒトシ君、ケアマネジャーさんと一緒に、1日だけ荷物を取りに実家に帰りました。

その様子を見て、ケアマネジャーさんは、この様子なら歩けるようになれば、まだ一人暮らしができそうだと判断してくれました。

母が俄然《がぜん》リハビリに励むようになったのは言うまでもありません。2020年の3月には実家で一人暮らしを再開することができました。

コロナ禍の「遠距離介護」

母が自宅に帰った2020年3月は、世界中をパニックに陥れた新型コロナウイルスの大流行が、まさに日本でも始まろうとしていた時期でした。

コロナの前までは、お盆とお正月、それにおわら風の盆の年3回に加え、何とか時間をつくって月に一度は富山に帰り、母のサポートをするようにしていました。

それがコロナの流行後は、感染防止のため病院や介護施設での面会は不可能になり、そもそも東京から地方へ行くこと自体が憚《はばか》られるようになりました。多くの人たちがコロナで帰省が困難になり、なかなか親の顔が見られないという状況を強《し》いられたわけです。

私の場合もまさにそうで、コロナの流行後に、母の様子を見に富山へ行くことができたのは、母が自宅に帰っていた2021年と2022年のお正月の2回だけです。

そのときは久しぶりに母と一緒にお酒を飲むことができて本当に楽しかった。母もとても喜んでくれました。

ただし、コロナ禍《か》の帰省には大きな代償が伴いました。私がPCR検査で陰性でも、私が母と会うと1カ月間は介護サービスを受けられなくなってしまうのです。もちろん介護施設にも入れません。

感染防止のためには致し方ない対応とは理解していましたが、正直なところ、要介護の状態にある人などはコロナウイルスではなく、孤独という名の恐ろしい負のエネルギーのために、かえって具合が悪くなってしまうのではないか、そんなことさえ思いました。

では、私の場合、**コロナ禍の遠距離介護はどうしていたかというと、母が自宅にいるときは、とにかく毎日電話をする**ようにしていました。介護施設に入っているときはスタッフの方に協力してもらって**LINEによるビデオ通話で面会**です。母は介護施設で用意したタブレット端末で顔を見ながら話すわけです。これは介護施設側の都合もあって毎日とい

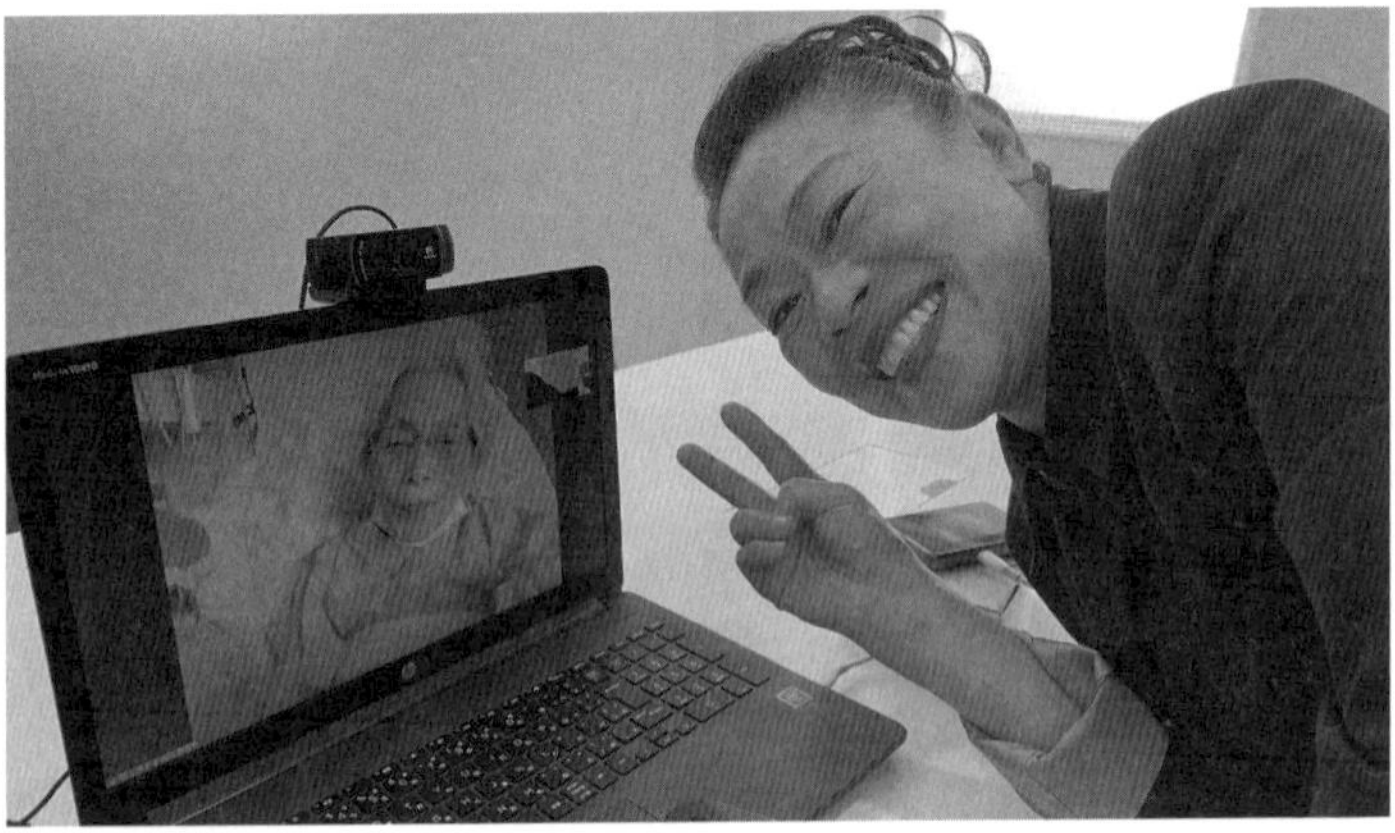

新型コロナウイルスの流行で直接会うことができなくなった中で、LINEによるビデオ通話は欠かせない母とのコミュニケーション手段でした

うわけにはいきません。私の場合は1週間に一度か二度の利用でした。

2021年の春、母が腎臓の数値が悪化して入院、その後、介護施設のロングショートステイになったときもそうでした。

母は社交的なので、病院や介護施設でも「同じ町の人たちがいるから楽しいよ」と言います。介護施設にいたらいたで楽しむ術《すべ》を持っている。

でも一方で、「早く家に帰りたい」と本音もこぼします。

私は母の性格をよく知っているので、そんなときは「またお酒が飲めるように頑張ろう」とか「みんなを元気づけてね」とか、**母の好きそうなことを言葉にして励まします。**

母は何かしら目標があると張り切って元気になる。私のできる親孝行といえば、そのくらいのものです。

このときは、たまたま96歳になる母の姉も同じ介護施設に入っていたので、「しばらくの間、お姉さんがいるところで過ごして、元気づけてあげてね」と、とびきり重大な使命を頼みました。

しばらく介護施設でお世話になったあと、母は無事に自宅に帰ることができました。ニンジン作戦は本当によく効くのです。

「遠距離介護」を支えてくださる人、遠距離から私ができること

ヘルパーさん、ケアマネジャーさん、お医者さん、親戚、ご近所や教え子のみなさん――。介護は周囲の理解と助けがあってこそ。遠距離の介護なら、なおのことそうです。

私の場合は、特に親戚のヒトシ君のサポートが大きい。彼なくして母を東京から支えることは、到底無理だったと思います。本当に感謝しています。

それから、ご近所のみなさんのご協力も絶大で、いくら感謝しても足りないほどです。高齢者であれば、ゴミ一つ出すのも大変です。それを「ついでだから」とご近所の方が家の外にあるゴミ箱から一緒に持っていってくださる。家のまわりの雪かきや庭の草取りもしてくださる。ちょっと姿を見ないと思えば、「柴田さん、どう？　元気？」と心配して様子だって見にきてもくださるのです。

かつての教え子のみなさんもそう。母の好きなものの差し入れや雪かき、時には「実は今度うちの息子が高校受験でね」とか「小学生の孫がいじめられてるんだけど」などと、わざわざ相談事を持ち込んで母の教師魂を刺激してくださる。

そして「だからあんたはダメなのよ」などと昔の教師と生徒の関係になって、喜んで怒

られてくださいます。それが母にとって何よりの元気の薬と教え子のみなさんもわかってくださっているからです。

ほかにも、地域の中で母が長い時間をかけて築き上げてきた数多くの友人・知人たちが、有形無形の支援やサポートをしてくださっています。

また、実際に母の面倒を見てくださるケアマネジャーさんやヘルパーさんなどに対しては、任せきりにするのではなく、こまめに連絡を取るようにしています。

そして、「母がこういうふうに言ってるんですけど、どう思いますか？」と相談したり、逆に「母に何か気になることはありませんか？」「母が何か困ったことはしてませんか？」などと尋ねたりするようにしています。そうやって**密にコミュニケーションを取ることで、問題の解決につながったり、逆に問題を未然に防いだりすることが可能になる**からです。

たとえば、こんなことがありました。

あるとき、ケアマネジャーさんに電話をして、「母に何か変わったことはありませんか」と聞いたところ、「実は服を全然着替えないんです」と言われ、驚きました。母はとてもきれい好きでしたから、にわかには信じられない話だったのです。

それはおかしいと思い、早速、母に理由を尋ねたところ、「よっちゃんに悪いから」と言います。よっちゃんというのはヒトシ君の奥さんで、そのヒトシ君によっちゃんを紹介したのは母でした。母はよっちゃんが、二人の子どもを育てながら、自分の洗濯物まで引き受けて洗ってくれているのを知っていました。それが申し訳なくて仕方がなかったのです。だから、洗濯物が出ないように着替えるのをやめてしまった。

一方で、母が着替えをしなくなったと知ったよっちゃんは、「私の洗濯の仕方が気に食わないから洗濯物を出してくれないんじゃないか」とひどく気にしていました。

そこで私は、「よっちゃんが自分のせいで着替えるのをやめたんじゃないかと落ち込んでたよ。変に気兼ねしないで洗濯物を出したら？」と母に伝えました。それを聞いた母は、以後、ちゃんと着替えをするようになりました。

介護の現場では、ケアマネジャーさんなど介護をしてくださる側が踏み込めなかったり、介護される側も彼らに言いづらかったりすることがよくあります。そんなときは第三者が間に入ることで、案外、物事はうまく運ぶものです。このケースはまさにそうでした。

私たちには「人間、誰しも年を取れば、程度の差はともかくボケてくる」といった誤解があります。母が着替えなくなった際も介護の現場では認知症を疑う声があったようです。でも母がそうであったように、**お年寄りの気になる言動には何かしら理由があるかもしれない**のです。**それに気づいて適切に対処するには、ケアマネジャーさんなどとの密なコミュニケーションが不可欠**なことに改めて気づかされました。

たとえば、「あえて1週間のうち1日は母が一人でいる時間をつくった」という話を前にしましたが、その1日にデイサービスを入れて、それまで2日だったデイサービスを3日にしたことがありました。

このときも母との電話の中で「1回増えたら、疲れるのよ」と言われ、初めて「ああ、そうなんだ」と気づくことができました。でも、母はそのことをケアマネジャーさんには言えずにいたわけです。

そこで私はちょっと調べて、訪問看護師さんに頼めば、背中だけマッサージしてくれたり、足だけを温めてくれたりするというのがわかったので、ケアマネジャーさんに、「訪問看護師さんを頼むのはどうでしょうか？」と提案してみました。

すると、「週3回のデイサービスが疲れるなら、そうしましょう」とすぐに手配をしてくださいました。2022年の1月のことです。

遠く離れていても、できることはいくらでもあるのです。

母が教えてくれる人生のしまい方

ここ数年の母は、病院と介護施設と自宅の間を、まるでローテーションのように出たり入ったりの生活を繰り返しています。

周囲からは、入院するたびに「今度はもう家には戻れないかもしれないね……」と心配する声が聞こえてきますが、その都度、手を替え、品を替え、鼻先にぶら下げるニンジンが効いて、母は懸命にリハビリに励み、自宅へと帰還、一人暮らしを再開してきました。

そんな生命力抜群の不死身の母ですが、実は2022年の2月に腸閉塞を起こして入院して以来、病院暮らしが続いています。

前年の暮れまで介護施設にいたのですが、「どうしても家に帰りたい」というので、ケアマネジャーさんなどとも相談し、「たとえ孤独死しても誰も恨まない。化けて出ない（笑）」ことを条件に帰宅許可を得て、お正月から一人暮らしを再開したばかりでした。

入院したのは、先程話した週2から週3に増やしたデイサービスの分を訪問看護に切り替えてしばらくした頃のことで、今回はちょっと長くなっています。いまから思えば、母が「疲れる」とこぼすくらいに体力が落ちていたのかもしれません。

それでも私の中での母は、「入院」→「介護施設」→「実家」のサイクルにいますから、つい先日も病院で母を担当してくれている先生に、「介護施設にはいつ行けますかね？」と聞いたのです。

すると逆に、「病院、嫌ですか？」と返されて、慌てて「いや、そんなことはないんですけど」と答えたところ、「まだちょっと介護施設に行ける状態ではないんですよ」と言われてしまいました。

今度ばかりは、もう一人暮らしは無理かもしれないなぁ……。

正直、そう思う自分がいます。

でも、入院中の当の本人は違います。ある意味、これまでの闘病生活よりはるかに、実家に戻って一人暮らしを再開する意欲に燃えています。それはなぜか？

2022年の4月に私たち親子の地元八尾に、地域の二つの中学校が統合されて新しい八尾中学校というのが開校しました。縁あって校歌の作詞を担当したのは私。作曲は私が南《みなみ》こうせつさんにお願いし、南さんの奥様の育代《いくよ》さんが作詞を手伝ってくださいました。

教師だった母はそのことをとても喜び、開校式で校歌が披露されるのをずっと楽しみにしていたのです。地域の人たちも開校式に招かれていましたから。

ところが開校式の当日、母は入院中で、それが叶いませんでした。後日、私は開校式の様子を録画した映像を携《たずさ》え、母を見舞いました。モニター越しに映像を見た母は、校歌を歌う子どもたちの歌声に、大いに励まされたようです。

その姿を見て、私は言いました。

「一緒に八尾中学に行って見て回らんまいけ！　それを目標に頑張ろう！」

「わかった。一生懸命に頑張る」

今後、母が頑張って一人暮らしに戻れたとしても、またすぐに何か起きて入院することになるかもしれません。いずれ介護施設のほうが快適に思えるときがくるかもしれない。

でもそれでいいのだと思います。どのみち永遠は望めません。

だからこそ母の好きなように生きさせてあげたい。自分の意に染まない生き方をするよりは、そのほうが母らしいし、幸せだと思うから。

母は私を生んで育ててくれました（かなり怖かったけれど。苦笑）。

やりたいこともやらせてくれました（教師になると嘘をついて大学に進学し、結局、

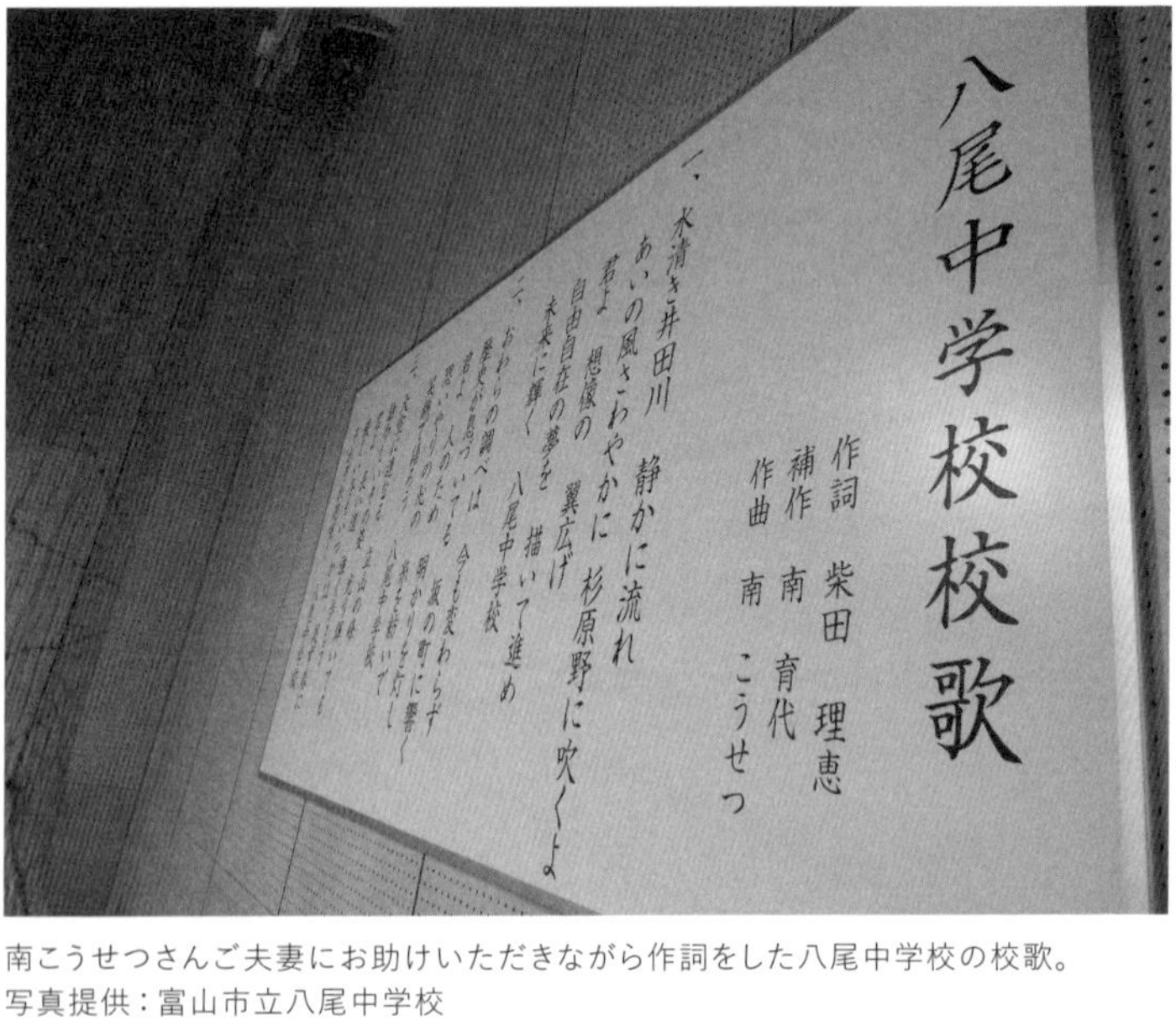

南こうせつさんご夫妻にお助けいただきながら作詞をした八尾中学校の校歌。
写真提供：富山市立八尾中学校

役者になったけれど。苦笑)。

そして最後は、どうやって生きて死んでいくのか、身をもって教えてくれています（それはたぶん私のための最後の特別授業！)。

母はいまも希望を持って頑張っています。

そして人生のしまい方を教えている。

私もこの先、年を取って病気になるだろうし、うまくいかないこともたくさん起きるでしょう。

たとえそうなったとしても、常に希望を持って頑張る人間になりたい。そう思います。

さて、6年あまりに及ぶ母と私の遠距離介護の物語はいかがでしたでしょうか。

ここから先は専門家の方々にご登場いただき、誰もが気になる「介護にかかるお金」のことや「遠距離介護で親を支える方法」「介護スタッフさんとの上手な付き合い方」など、みなさんが知りたいはずのあれやこれやについて、一緒に学んでいきたいと思います。

これまでに紹介しきれなかった母の介護の話もいろいろお話しできればと思っています。

引き続きどうぞお付き合いください！

柴田理恵が体験した

遠距離介護のリアル

□ 介護は、ある日突然やってくる

この間、元気に話をした母が、急な体調不良で入院となり、要介護４の状態となる……。私の遠距離介護はそんな形で始まりました。心の準備ができていない状態でスタートする介護もある。そう考えると、「そうなったら、こうする」といった事前の想定も、ある程度必要だと痛感しました。

□ 介護費用の情報と備えが大切

在宅での介護費用は、デイサービスや訪問介護、福祉用具のレンタル代などの介護保険が適用されるもののほか、通院費用やおむつ等の衛生用品といった介護保険が適用されないものまで、さまざま。また、入院や介護施設への入所が必要になる際には、10万円単位での出費も発生しました。母の場合は、教師時代の蓄えと年金で賄えましたが、あらかじめの備えと介護保険などの情報を知っておくことが大事だと感じました。

▶ 1カ月当たりの在宅介護費用の概算金額（柴田家の場合）

内容		金額
介護保険適用分	デイサービス／週2回（月曜、金曜） 訪問介護／週3回（火曜、木曜、土曜） 福祉用具レンタル（手すり、介護用ベッドなど）	¥17,425 ¥8,997 ¥1,230
介護保険適用外分	病院代 衛生用品代などの生活備品（おむつ代など） 食費・飲み物代 デイサービスで頼むお弁当代など	¥50,000
	合計	¥77,652

▶ 1カ月当たりの入院・入所費用の概算合計（柴田家の場合）

内容	金額
病院に入院した際の費用	¥210,000
介護施設に入所した際の費用	¥110,000

□ みなさんの支えとニンジン作戦

母の希望も受けての遠距離介護。その実態は、富山の親戚や母の教え子の方々、ケアマネジャーさんたちに支えていただいて成り立っています。母を東京に引き取るか、お仕事を休んで富山に向かうか、という選択肢もあった中で、日々の母のお世話は信頼できるプロにお任せしつつ、東京での仕事を続けながら、折を見て富山に帰る方法をとれたことは、経済的な困窮に陥らずに、精神的な安定も保てることにつながりました。また、自分の状態にくじけそうになる母に目先の目標を提示し続けたことは、母の要介護4からの回復に大きな効果があったと思います。

第2章

教えて専門家の人！

遠距離介護は
どうすればうまくいくか、
教えてください！

川内潤

かわうち・じゅん

NPO法人 となりのかいご代表理事
1980年生まれ。上智大学文学部社会福祉学科卒業。老人ホーム紹介事業、外資系コンサル会社、在宅・施設介護職員を経て、2008年に市民団体「となりのかいご」設立。14年に「となりのかいご」をNPO法人化、代表理事に就任。厚労省「令和2年度仕事と介護の両立支援カリキュラム事業」委員、厚労省「令和4・5年中小企業育児・介護休業等推進支援事業」検討委員。介護を理由に家族の関係が崩れてしまうことなく最期までその人らしく自然に過ごせる社会を目指し、日々奮闘中。著書に『もし明日、親が倒れても仕事を辞めずにすむ方法』(ポプラ社)、共著に『親不孝介護 距離を取るからうまくいく』(日経BP)などがある。

[NPO法人 となりのかいごホームページ]
https://www.tonarino-kaigo.org/

1 介護に臨む前に知っておいてほしいこと

親孝行の罠

柴田　3年半ほど前に遠距離介護がテーマのテレビ番組で一度ご一緒させていただきました（NHK『あさイチ』2020年3月4日）。

川内　そうでした。

柴田　私は一人っ子で、母は父が亡くなってから富山の実家で一人暮らしでした。ですから母が病で倒れて介護が必要になったとき、最初は引き取ることも考えたんです。でも、やめました。断られるのがわかっていたから。
というのも、以前母から言われたことがあるんです。「親には親の、子どもには子どもの人生がある。お前には芝居という大事な仕事があるんだから、東京で頑張れ。

何かあってもお前の世話になるつもりはない」と。母には富山に友人・知人がいるし、子どもたちにお茶などを教えていて、それが生きがいになっていた。母にとって大事なものはみんな富山にある。それを見知らぬ土地に連れてきて、奪うわけにはいかないと思いました。環境の変化がストレスになって認知症になったりするのも困りますし。だから遠距離介護を選んだんです。

川内　そうでしたか。お母様の希望でもあったんですね。

柴田　長く小学校の先生をやっていたせいもあって、人に頼らないとか、仕事を大事にするとか、そういう意識がとても強いんです。だから私も遠距離介護を選択できたんですけど、じゃあその実態はどうかと言えば、親戚の人や主治医の先生、それからケアマネジャーさん、ヘルパーさんなどにお世話になりっぱなしで、おんぶにだっこなわけですよ。ご近所さんなどにもずいぶん助けてもらっています。

遠距離介護と言えば聞こえはいいですけど、おためごかしというか、他人様《ひとさま》に全部お任せですから、ちゃんと親の面倒を見られない言い訳をしているみたいで、本当にこれでいいのかな、という思いも心のどこかにあったんです。

親の介護は子どもがするのが当たり前、という世間的な風潮もあるじゃないですか。実際、介護のために親を引き取る方も、仕事を辞めて実家に帰る方もいますし。

川内　だから自信がなかったんです、母を遠距離介護していることに対して。ちょうどそんなときテレビでご一緒させていただいて、私、川内さんに言われたんですよ。

柴田　えっ、何か失礼なことでも？

川内　いえいえ（笑）。**「親に介護が必要になったからって、離れていた親子がいきなり一緒に住んでもなかなかうまくいきませんよ」って。**

柴田　喧嘩になっちゃうから。

川内　そう。それを聞いて、ああ、そう言えば、私も実家に3日いたら母と喧嘩になるな、と（笑）。それで、何となく腑《ふ》に落ちたというか、仲の良い親子でも、ある程度の距離感って必要なのかもしれないな、と思えるようになって。

それからですよ、遠距離介護に対して割り切って考えられるようになったのは。お任せはお任せなんですけど、**自分は自分なりに、介護をしてくださるプロの方々と母の間に入って双方のコミュニケーションをうまくとれるようにするとか、離れていてもできることはあるし、それを精一杯やればいいんじゃないかって。**

柴田　とても重要なご指摘で、遠距離介護の核心をついていると思います。一人暮らしの親が要介護になったとき、「一人にしておけない」と子どもが心配するのは当然ですから、一緒に暮らすという選択はもちろん否定しません。

ですが一方で、柴田さんがそうしたように、**介護のプロやご近所さんなどの力を借りながら、親が住み慣れた土地で暮らし続けることで、お互いの生活を大切に、程よい距離を保ちながらサポートするという選択もある**わけです。

柴田　そういう選択肢があることを知るだけでも大きいですよね。

川内　おっしゃる通りで、遠距離介護もありだと知らなければ、一緒に暮らして親の面倒を見なきゃと自分を追い込んでしまいます。

柴田　親のこととはいえ、それはやっぱり負担ですよ。多くの場合、子どもにも家庭があるわけですから。

川内　そもそも親と離れて暮らしている場合、実家にはそう頻繁《ひんぱん》に帰れませんよね。交通費も大変ですから、年に一、二度、お盆やお正月に帰るだけという方が多いんじゃないでしょうか。**そういう方が、親に介護が必要になったからといって、それまでの適度な距離感を飛び越えて、いきなり濃密な関係、つまり、自宅に引き取ったり、実家に帰って一緒に住んだりして、「私が自分で親の面倒を見るんだ」と頑張ってしまうと、お互いにイライラが募って、子どもの思いとは裏腹に親子関係が崩れてしまうことが多い**んです。「親孝行の罠《わな》」と言います。

柴田　親孝行のつもりが裏目に出ちゃうこともあるんですね。

変わってしまった親の姿にショックを受ける

川内　親の介護というのは、老いて衰えていく親と日々向き合うこと。**回復の見込める病とは違い、いわば、親の人生の撤退戦に寄り添い、支える作業です。**これははっきり言ってつらい。苦行です。

子どもは元気だった頃の親を知っているので、たとえば、散らかり放題の部屋とか溢《あふ》れかえった洗濯物などを見れば、「あんなにお母さんはきれい好きだったのに……」とびっくりするし、声を荒げる姿など見せたこともなかった父親が些細《ささい》なことで怒鳴り散らすのを目にすれば、「これがあの優しかった親父か、まるで別人じゃないか……」と愕然《がくぜん》としてしまいます。

柴田　あまりのギャップにショックを受けちゃう。

川内　それでつい言ってしまうんです。「少しは片付けたら！」とか「こんなに洗濯物を溜めちゃって！」とか「親父、何やってんだ、しっかりてくれよ！」などと。

柴田　私も言っちゃいました。「お母さん、そうじゃないよ、こうでしょう！」って。それで「何言ってんの。こっちのほうがいいのよ！」と言い返されて（苦笑）。

川内 そうなんです。親が弱り、衰え、壊れていく姿を目の当たりにした子どもは、昔を知っているだけに、なかなかその現実を受け入れられない。それで親に対する不安や恐れや嫌悪などの感情に苛《さいな》まれ、イライラを募らせてしまう。

柴田 わかります。だから喧嘩になる。

川内 **それでストレスを溜め込み、介護疲れの果てに親への虐《ぎゃく》待《たい》や暴力に走ってしまう悲劇も起きたりする**んです。厚生労働省の調査でも、それが表われています。

柴田 そういう話ってよく聞きますよね。

川内 実際に、老年のお母さんを息子さんが殴《なぐ》りつける場面に遭遇し、慌てて制止したこともあります。たまの帰省ならお互いに我慢もできるし、喧嘩になってもすぐ帰っちゃ

▶ 養護者による高齢者虐待の相談

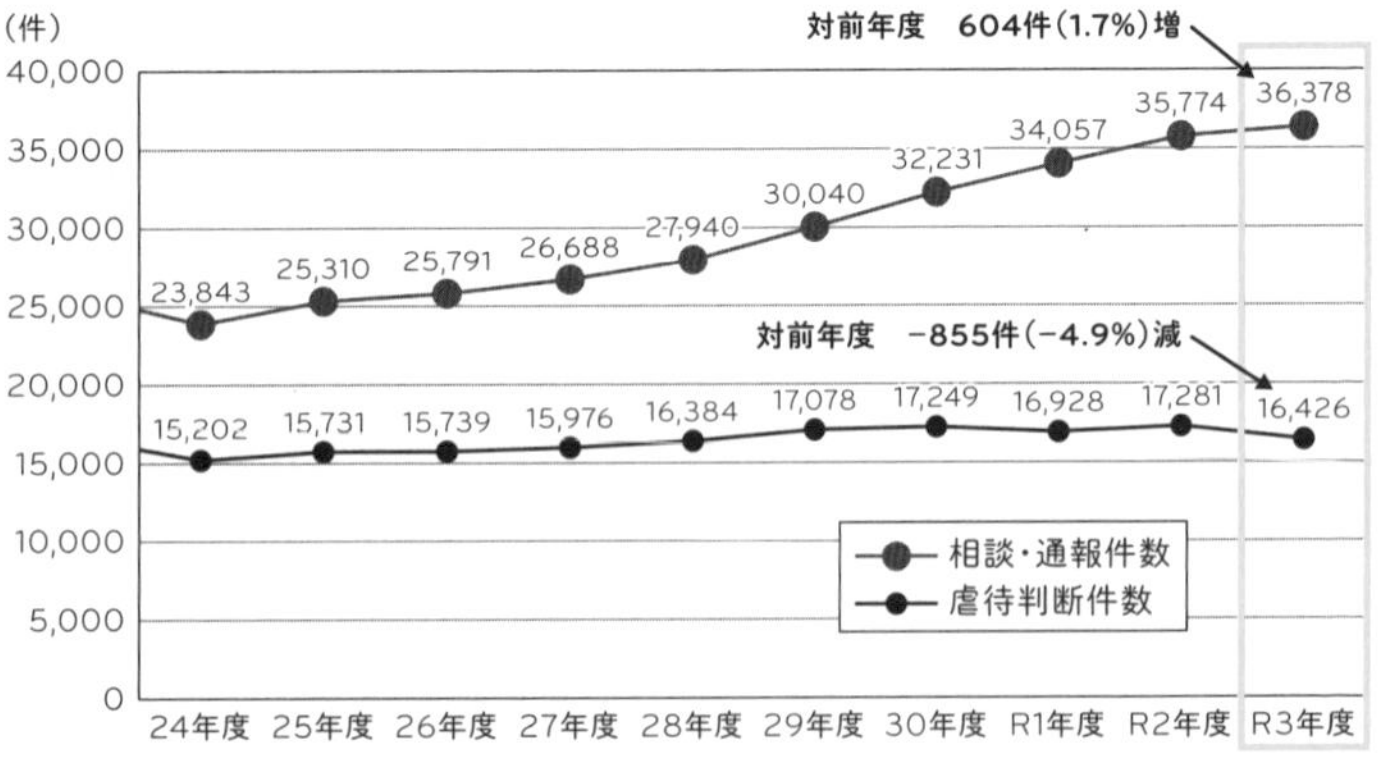

養護者（高齢者のお世話をしている家族・親族・同居人等）による高齢者虐待の相談・通報件数と虐待判断件数の推移。厚生労働省「令和3年度『高齢者虐待の防止、高齢者の養護者に対する支援等に関する法律』に基づく対応状況等に関する調査結果」をもとに作成

うから、その場限りで済むかもしれないけれど、一緒に暮らして四六時中顔を突き合わせるとそうはいきません。抑えがきかなくなって、ぶつかっちゃう。

柴田　「こんなに頑張っているのに、なんでわかってくれないんだ！」という思いが、怒りや嫌悪や憎しみの感情を呼び起こしちゃうのかなあ。切ないですね。

川内　**親への虐待や暴力は、息子さんが母親に対して行なうケースが多い**です。変わってしまった母親に対する複雑な心情が、そうさせるのではないかと思います。

なかには、認知症になった母親に対して、「自分は子どもの頃からできの悪い息子だったから、いまになって呆《ぼ》けたふりをして、自分に仕返しをしているに違いない」などと見当違いの妄想を膨らませてしまう人もいます。ですから男の人は母親にきつくあたりがちだと知っておくといいと思います。

柴田　そうした傾向があると知っておくことで抑止効果があるんですね。

川内　そうです。

柴田　娘さんが親に虐待や暴力をふるってしまうようなケースは？

川内　比較的少ないです。変わってしまった親の姿を息子さんよりは客観視できて受け入れやすいのかもしれません。

「親の新たな一面を知れてよかった」と思えることの大切さ

柴田　私も変わっていく母を見るのはつらかったし、イラッとすることもありましたけど、人間、年を取ればできなくなることもあるよねと思って、ああしろ、こうしろ、と口うるさく言うのをやめたんです。部屋が散らかっているのは、足腰が弱って、片付けたくても片付けられないのかもしれないですよね。高い場所に物を上げられないとか、重くて動かせないとか。

川内　おっしゃる通りで、足元が悪くなられているご高齢の方は、よく自分のまわりに円を描くように物を置くようになるんですけど、お母様はどうでした？

柴田　一緒です。母もそうでした（笑）。

川内　よくあるのは、それを家族が片付けちゃうんですね。「こんなにしちゃって」と。でも、**親にとっては手の届くその円の世界こそが、自分が生活するのに都合のいい、実にシステマティックで効果的な物の配置になっている**んです。それを片付けられてしまうと、何がどこにあるのか、たちまちわからなくなってしまう。それで次にヘルパーさんが来たら聞くわけです。「ねえ、あなた、入れ歯の洗浄剤がどこにあるか知らない？」と。

柴田　私も片付けました（笑）。あるとき実家に帰ったら、ひどい散らかりようで、これでは誰か来たときにみっともないし、母も歩きにくい。それできれいに掃除をして、蹴躓《けつまず》いて危なそうな物は邪魔にならないところへ移したんですね。でも次に実家に帰ったら元の状態に戻ってる。ああ、母にはこのほうがいいんだなと思いました。

川内　**乱雑に見えても、本人はそれで十分に用は足りている**んです。

柴田　**それを認めなきゃいけない。**年を取ったら、いつお客様が来てもいいように、部屋をきれいにしておかなきゃ、なんて考えなくていいんですよね。それって実は親のためじゃなくて、子どもの都合というか、ただの世間体だったりもするし。

川内　そうなんです。親が介護状態になると、たとえば、自分が幼少期に家族でテレビを見たり、食事したりしたダイニングテーブルに、洗面器や入れ歯の洗浄剤が載ったりします。それを見た子どもの中には、お客様が来たら恥ずかしいというのとは別に、自分の大切な思い出がよからぬ形で上塗りされた気がして、大きな喪失感にかられる人もいるんです。「お母さん、ここで家族みんなの誕生日祝いをしたよね？」と。でも、そんなことはもはやどうでもいいんですよ、ご本人の生活からしたら。入れ歯はテーブルの上にあってすぐにカチャッとはめられることが大事なんです。

それを家族の価値観だけで軌道修正をかけちゃうと、親は自分にとって快適な生活ができなくなってしまう。

柴田　それに気づかないと、なんでこんなところに入れ歯が置いてあるんだよ、とイラついて、つい洗面台に持っていってしまったりする。親の都合も考えずに。

川内　それは結局、変わってしまった親のことが受け入れられないからなんです。でも実は、親は変わったのではなくて、本来の姿が顔を出しただけかもしれない。人はしばしば本来の自分を隠して生きています。

柴田　親は子どもにすべてをさらけ出して生きてるわけではないですからね。

川内　私だってそう。自分はたいして勉強しなかったくせに、平気で子どもには「勉強しろよ」と言ったりするわけですよ。「学校へはちゃんと行かないとダメだぞ」と講釈たれたり。自分は相当さぼってたくせに（笑）。親なんてそんなものですよ。

柴田　だらしなくなったように見えるけど、本来そういう人だったのかもね、と思えたら、ショックも少なくて済みそうです。

川内　おっしゃる通りで、**親の意外な素顔を見たとき、「変わってしまった」と思うか、「新たな一面を知れてよかった」と思うか、その違いはとても大きい**です。

柴田　変わってしまったと思ったら、なかなか現実を受け入れられない。

川内　そうなんです。そして「（父・母は）そんな人じゃない。もっとちゃんとできるはず」と、子どもの考える理想の生活態度を親に押しつけてしまうわけです。

一人っ子の遠距離介護はラッキー

川内　じゃあどうすればいいいか。

柴田　それです、問題は。

川内　親への不満や怒りがなぜ湧くかと言えば、変わってしまった、あるいは本来の自分を出すようになった親と、四六時中顔を合わせているから。だったら、**親と離れて暮らしている子どもであれば、わざわざ親を引き取ったり、実家に帰って一緒に住んだりしなければいいんです。頻繁に実家に帰ったりするのもやめたほうがいい。**

柴田　顔を突き合わせなければ、ぶつかりようもない（笑）。

川内　そう。一緒にいたら、「なんでお父さん、今日もお風呂に入らないの！」などと言わなくていいことも言っちゃいますけど、離れていれば、親が週2回しかお風呂に入ってなくても、そんなことわかりませんから。

柴田　だから、親とは物理的に距離をとる。

川内　それこそが親孝行の罠を逃れる一番の方法です。親との距離を近づけすぎると、「見たくない親の姿」に疲れ切ってしまい、やがて憎むようになりかねません。**親子関係を破綻《はたん》させるくらいなら、距離を置いたほうがいい**んです。

柴田　なるほど。ただ親のほうが、寂しさや心細さから「もっと顔を見せてほしい」と子どもに求めちゃう場合もありそうです。その場合はどうしたら？

川内　**親が子どもに会いたいというのはごく自然な感情ですが、それを受け入れて帰省の頻度を上げてしまったら、結局、ぶつかってしまうだけ**です。だから距離をとる。それがお互いのためです。まずはそれを理解すること。それが何より大事ですし、実は一番の親孝行ではないかと私は思います。そうすれば、柴田さんのように、親の介護はプロにお任せしようと割り切ることもできます。

柴田　物理的に距離があれば、そうせざるを得ませんからね。

川内　おっしゃる通りです。その意味では、親と離れて暮らしている場合は、引き取ったり、帰ったりしなければ、自然と物理的な距離がとれます。

柴田　でも、あれはどうなんですか、見守りカメラ。一人暮らしをしている親が心配だからと家につける方がいらっしゃるじゃないですか。最近はＣＭでもよく見るし。

川内　**あー、監視カメラですね**（苦笑）。**あれはやめたほうがいいです。一緒に暮らしてい**

るのとほとんど変わらなくなっちゃいますから。むしろ実際には離れて暮らしているので、かえって不安が募ったり、ストレスを溜め込んだりしかねません。

柴田　あぁ、そうか……。

川内　そもそも柴田さんは、自分の家に監視カメラをつけられて四六時中録画されて嬉しいですか？　それも子どもに。

柴田　安心と思う人もいるかもしれませんが、私はちょっと……。

川内　ですから、そうしたIT機器の利用も含めて、離れて暮らす親とは距離をとったほうがいいです。

柴田　なるほど。

川内　よく、「一人っ子で遠距離介護は大変じゃないですか？」と聞かれるんですが、そういう方はたいてい頻繁に実家へ帰ったり、一人で何もかもやったりすることを前提にしているんですよね。でも、頻繁に帰れば親孝行の罠に落ちるだけだし、兄弟がいれば、いろいろ意見のすり合わせが必要な場面も出てきます。
その点、**一人っ子なら親の介護をどうするか自分一人で決められます。意思決定のプロセスがシンプルなのは一人っ子の利点**です。

柴田　一人っ子だとほかに頼れる兄弟がいればいいのにと思うんですよ。でも、兄弟がい

川内　たらいたで面倒なこともあるわけですよね。
ですから、親と離れて暮らす一人っ子で遠距離介護を考えている方には、いつも「わざわざ帰らなければ親孝行の罠に落ちることもないし、自分だけで介護方針も決められる。あとは介護のプロにお任せすればいいんですから、大変どころか、むしろラッキーだと思いますよ」と、お伝えすることにしているんです。するとみなさん、憑《つ》き物《もの》がとれたように、ほっとした表情をされます。

柴田　それでいいんだと安心するんでしょうね。

親の介護は最初から外部の支援を仰ぐべき

柴田　逆に言えば、それだけ「親の面倒は自分で見なきゃいけない」と思っている方が多いのかもしれませんね。必要以上に親の介護を背負い込んじゃって……。

川内　それが一番の問題でして、自分で何とかしようと思うあまり、すぐには外部の支援を受けようとしない人がいるわけです。**いまの日本社会は、外部サービスの利用は肯定する一方で、「介護は家族で行なうべきで、それこそが親孝行」という意識も強い**ことが、私たちのNPOの調査でも浮き彫りになっています。

柴田　自分の手に負えなくなったら外部の支援を受けるけれど、それまでは自分で親の面倒を見たいという話をよく耳にします。

川内　はっきり申し上げますが、それはやめたほうがいいです。

柴田　負担が大きすぎる？

川内　もちろんそれもあります。私たちの調査では、**1日のうち介護に費やしている時間が「半日程度」が19・6%、「ほぼ一日中」が15・6%**もいます。でも**一番やっかいなのは、子どもが自分で親の介護を始めると、親は子どもに依存するようになって、外部の支援を受けたがらなくなってしまうこと**です。他人に面倒を見てもらうよりそのほうが楽だから。

柴田　なるほど。

介護に関する意識調査

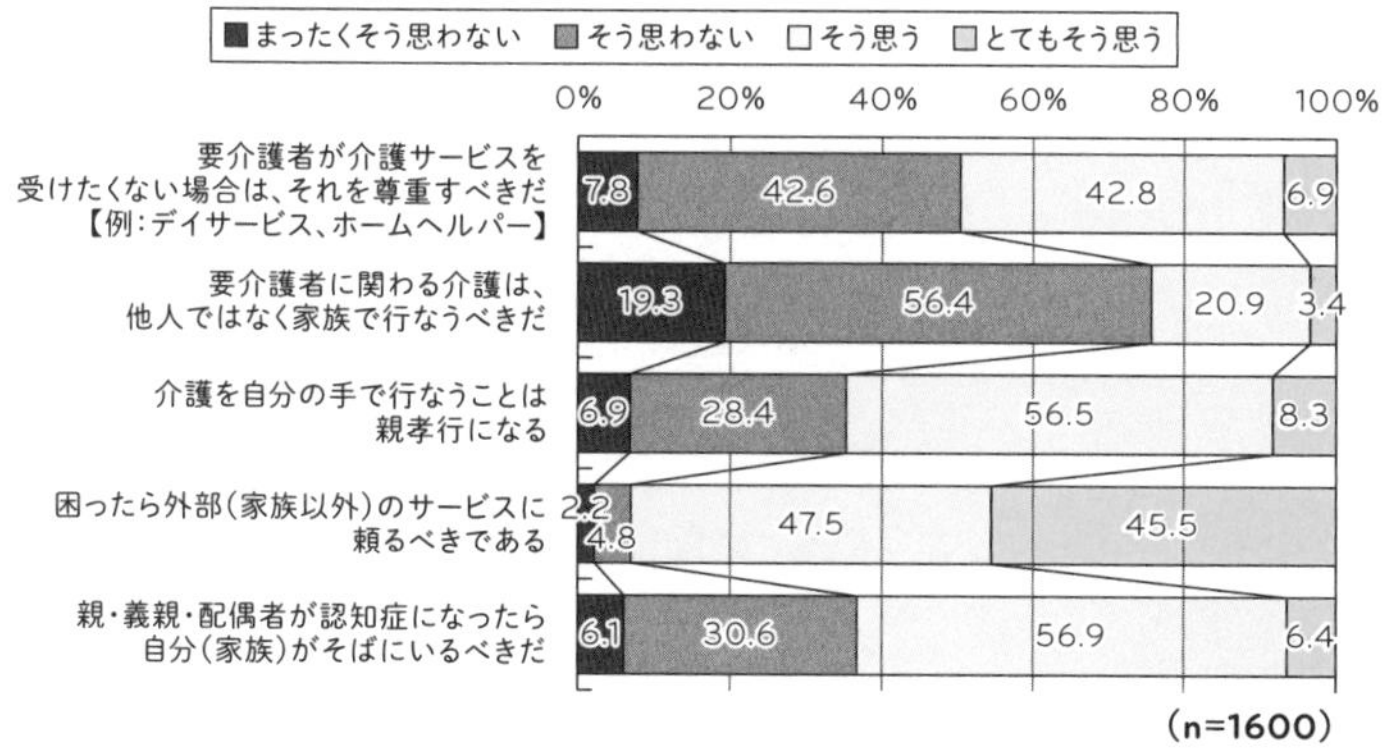

介護に関する2020年の意識調査。「要介護者の介護は家族で行なうべき」に否定的な意見が75%を超えた一方、「介護を自分の手ですることは親孝行になる」に肯定的な意見も64%を超えている。NPO法人となりのかいご「介護離職白書 介護による離職要因調査」をもとに作成

川内　最初のうちはそれでも何とか対応できるんです。

でも、要介護の度合いが上がって、だんだん介護の作業量が増えてくると対応できなくなる。そこに至って初めて、もう無理だと白旗をあげ、ヘルパーさんとか、デイサービスとか、外部の支援を頼もうとするわけですが、その頃には親はすっかり子どもに依存しきっていますから、「これまで通り、お前にこの家で面倒を見てほしい」と強く望むわけです。

柴田　そうなると、親の願いを無視して外部の支援を頼みにくくなりますよね。

川内　それで子どもが無理して親の介護を続けた結果、心身に不調を来《きた》したり、金銭面でしんどくなったりして、それを親にぶつける

▶ 介護に関わる時間調査

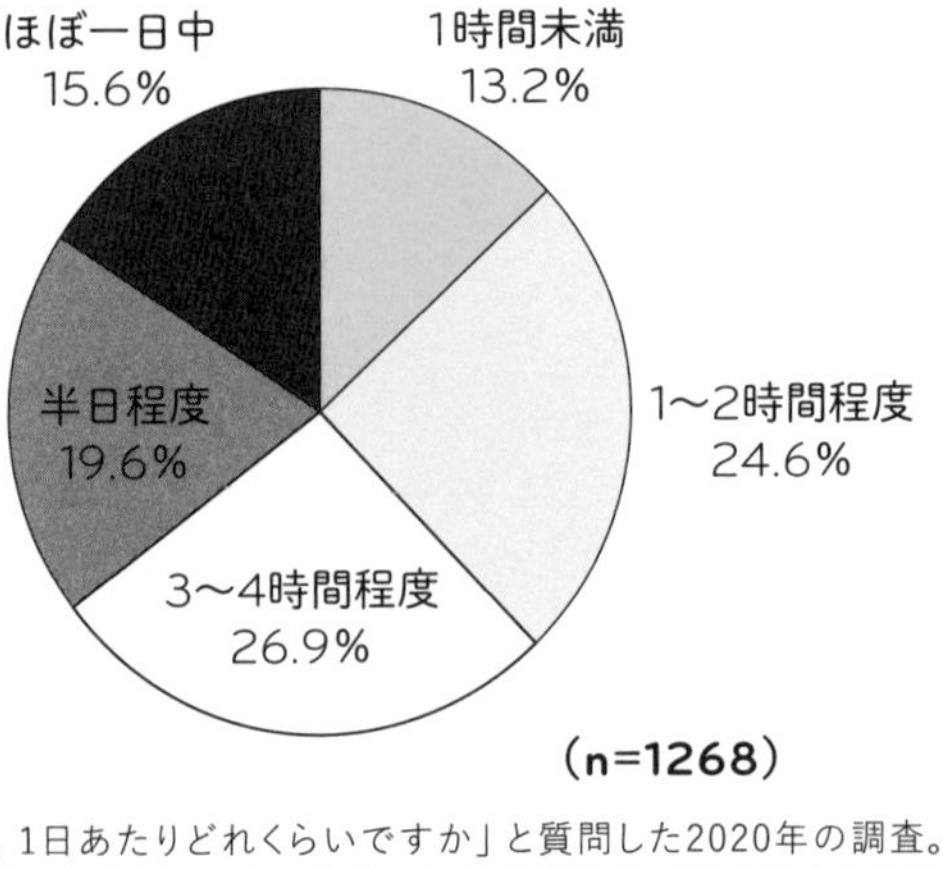

「介護に関わる時間は、1日あたりどれくらいですか」と質問した2020年の調査。「半日程度」と「ほぼ一日中」を合わせると、全体の35%を超える。NPO法人となりのかいご「介護離職白書 介護による離職要因調査」をもとに作成

ようになったりするんです。

柴田　あぁ、まさに親孝行の罠……。

川内　**だから親の介護は最初から外部の支援を仰ぐべき**です。そもそも私たちのような介護職も「自分の親の介護はするな」と最初に習うんです。**プロでも自分の親の介護は難しい**ですから。

たとえば、私たち介護職というのは、ご本人が「今日は足が痛いから動けない、嫌だ」と言っても、「いや、お母さん、今日はなんと大安ですよ。気持ちが入ればきっと足は動きます」など、手を替え、品を替え、その気にさせて、「じゃあ、行きますね、1、2の3！」とやるのが仕事です。じゃあ、同じことを自分の親にできるかと言ったら、無理です。「そんなに痛いの？　わかった、じゃあ、背負うよ」となりかねない。でも、それでは機能訓練にならないわけです。

柴田　親子だからこその情や甘えみたいなのが入ってしまうんですね。

川内　そうなんです。ですから、**親が他人に面倒を見てもらいたくないという場合は、それを子どもが受け入れてしまうと、ますます親が子どもに依存するようになるので、その悪循環を断ち切らないといけません。**

親が子どもに過度に依存しているときはプロの力を借りる

柴田　具体的にはどうすれば？

川内　子どもが親の介護から手を引き、親が本当に困って外部の助けを自ら求めるまで待つことです。ただし、これを親子間だけでやるのは、やめたほうがいいです。

柴田　「お前は親を見捨てるのか！」となりそう（苦笑）。

川内　そうなんです。親子関係が壊れてしまう恐れがある。じゃあどうするかと言ったら、プロの力を借りることです。詳しくはあとでまたお話ししますが、**親の住所地を管轄する「地域包括支援センター」というのがありますから、そこへ相談すること**です。高齢者の暮らしを地域でサポートするための施設で、ケアマネジャーさんや社会福祉士さん、保健師さんなど介護や医療、保健、福祉など、それぞれ専門知識を持った職員が在籍していて、介護や介護の予防のほか、日常生活での困り事などについても相談に乗ってくれます。

柴田　高齢者のための総合相談窓口みたいなところなわけですね。

川内　まさにそういう相談機関です。**ここに相談すれば、介護保険を使って外部の支援を**

受けるにはどうすればいいか、一から教えてくれますし、**外部の支援を受けたがらない方を上手に説得する道筋もつけてくれます。**

実際、私も地域包括支援センター経由でそうしたご依頼をいただいて、外部支援を拒否していた方をデイサービスにお連れしたことが何度もあります。

柴田　どうやって説得されるんですか？

川内　たとえば、こんなケースがあります。

ある娘さんがご高齢のお母さんと二人で暮らしていました。お母さんは、もともと自宅で編み物教室をされていたんですが、認知症を発症されまして、すぐに外部の支援を仰げばよかったんですが、娘さんは自分でお母さんの面倒を懸命に見るようになった。それにお母さんは依存するようになって、娘さんがもう無理となっても、なかなか外部の支援を受けようとしないわけです。

それこそ介護やデイサービスという言葉を聞いただけで、「あなたは私をどっかにさらっていくつもりでしょう！」と怒り出してしまう。

そんなとき外部支援のご依頼をいただきまして、さてどうしたものかと。それで一計を案じまして初心者向けの編み物の本を買ってきて勉強したんですね。そしてお母さんの前で編みかけのコースターを見せて、「途中まで編んだんですけど、この先、色を変えるにはどうしたらいいんですか?」と教えを乞《こ》うたわけです。するとニコニコされて、「あなた、男のくせに編み物やるの?」と。よし、好感触だと思い、「実は妻から不器用なあなたに編み物なんて絶対無理と言われたので見返してやろうと思いまして」と笑いながら答えると、「変わってるわね。いいわ、教えてあげる」と言ってくださったんです。

私は、すかさず提案しました。「じゃあ、道具がそろっているところがあるので一緒に行って教えてくれませんか」と。それでお母さんはデイサービスに通うようになったんです。介護やデイサービスという言葉はいっさい使っていません。

柴田　編み物まで勉強して説得したんですか!?　すごいな、プロって。

川内　いえいえ(笑)。じゃあ、そのお母さんはデイサービスに通って何をするかと言ったら、私にひたすら編み物を教えるわけです。わからないことは何度聞いても優しく教えてくれる。実にいい先生です。おかげでほんとにコースターを編めるようになりました(笑)。

柴田　奥様もびっくり(笑)。

川内　いや、本当に(笑)。ただ、誤解してほしくないのは、デイサービスへ行くべきかは、ご本人の意思と介護の状態によりますから、当然、ケースバイケース。**大事な**

のは、デイサービスに行くことではなく、いかにご本人が穏やかに心地よく生活できるかです。自宅にいたほうが穏やかに暮らせるなら、もちろんそのほうがいいわけです。家にいて一人で本や新聞を読んだり、趣味の陶芸で土をこねたりするのが好きな人を無理やりデイサービスに連れていってもつらい思いをさせるだけです。でもこのケースでは娘さんがもう限界でした。そこでデイサービスを利用して娘さんを介護から解放しつつ、お母さんには生涯大事にされてきた編み物を教える機会をつくってさしあげることで、穏やかに過ごせる時間と場所を用意したわけです。

柴田　娘さんがお母さんの介護をその後も頑張り続けていたとしたら？

川内　倒れてしまったでしょうね。

柴田　そうなると残されたお母さんはどうなるんですか？

川内　緊急避難でショートステイ（介護施設の短期入所）に入っていただくことになります。実際、別のケースですが、娘さんが認知症のお父さんの介護に疲れて倒れてしまい、そうした措置をとらせていただいたことがあります。このときは本当に大変で、私、警察のやっかいになりました（苦笑）。

柴田　えっ、何があったんですか？

川内　そのお父さんがショートステイ先の施設で夜中に暴れましてね。「お前、何の権利があってオレをここに閉じ込めるんだ。出せ！　でなきゃこれをぶち壊すぞ！」と玄関ドアの前で叫びまくるわけです。

それはもう大変な騒ぎで、入所者にも迷惑ですから、施設の方とも相談して、とりあえず外に出ていただくことにしたんです。それで玄関ドアをピッと開けて、お父さんに外出していただくことにしました。

でも認知症のお父さんをそのままにできませんから、少し離れてあとをついていったんです。そうしたら、突然パトカーが現われまして（苦笑）。「怪しい奴が後ろをついてくる」とお父さんが携帯電話で110番通報したんです。

柴田　あちゃー。それでお巡りさんにいろいろ聞かれて。

川内　はい。「決して怪しい者ではございません。実はこれこれこういう状況でして」とお話しして、施設にも確認していただき、お巡りさんには帰っていただきました。

柴田　お父さんはどうなったんですか？

川内　娘さんが倒れたことも認識していませんでしたから、「娘のいる家に帰る」と言い張りましてね。「あとから娘さんは来ますから」と言って、何とか施設に帰っていただきました。

娘さんが頑張りすぎて親が子どもに過度に依存するようになってしまった典型的な

柴田　事例で、娘さんが倒れる前に外部の支援を仰ぎ、いざとなったらショートステイができる馴染みの施設がすでにあったなら、こんなことにはならなかったはずです。なんでそこまで頑張っちゃったんだろう。お父さんと娘の二人で寄り添って生きてこられたのかなぁ。だから他人の支援を受けたくなかったんだろうか……。

川内　難しい問題ですね。親に頼られ、それに応えることに子どもがやりがいを感じたりすると共依存の関係になって、余計に外部の支援が受けられなくなりますしね。介護は親子の関係性が如実に現われますから、子どもの中でそれをうまく消化して客観視できるようでないと、簡単には外部支援に踏み切れないのかもしれません。それこそ親の言うことは絶対で、「親が嫌だと言うなら嫌なんです!」と強硬に外部支援を拒否される方もいます。**そういう意味で大事になるのは、親が自分に過度に依存している、ということに子ども自身が気づくこと**です。そうでないとますます親は子どもに頼るようになります。

柴田　それには**問題が深刻になる前に、とにかく地域包括支援センターに相談する。**

川内　それが何より大事になります。プロのサポートが入れば、子どもも意外とすんなり、「私が頑張りすぎてるのかな……」と気づいたりするものです。

2 親にとって一番いい介護とは？

仕事ができる人ほど、介護離職に追い込まれる

柴田　親の介護で頑張りすぎるタイプってありますか？

川内　**仕事のできる人ですね。そういう人ほど自分ならできると考え、何もかもやろうとします。**それこそおむつ替えまでする。その結果、親も自分も燃え尽きてしまうような「やってはいけない介護」に突き進んでしまう。

柴田　仕事の成功体験がそうさせるんでしょうか。

川内　仕事は頑張れば成果が上がるものですよね。その成果はさらなる仕事へのモチベーションにもなる。でも、介護は回復の見込める病とは違って撤退戦なので、諦《あきら》めの連続なんです。いくら頑張っても少しずつ、あるいは急激に、親の要介護度は上が

っていく。仕事のような成果は期待できず、モチベーションは落ちるしかない。

さらに言えば、成果が出ないので「自分はこんなにやってるのに、親父は文句ばかりだ」とか「介護スタッフが思うように動いてくれない」などの不満や怒りばかりが募り、しばしばそれが親や介護施設やスタッフに向かいます。

そのあたりでもう無理だと悟れればいいですが、優秀な人ほど降りられない。**挙句にもっと自分が頑張らなければと、ありもしない幻《まぼろし》の成果をさらに追ってしまう。**

柴田　そうなると親子の関係も悪くなるし、支えてくれるはずの介護のプロの方との関係もうまくいかなくなってしまいますね。

川内　そうなんです。ところが優秀な人ほど自分ならできると考えてしまう。なかには親の介護のために介護福祉士の資格を取る人までいます。

柴田　えーっ、そうなんですか？

川内　はい。そういう人は、仕事を辞めて時間をつくり、制度や介護の仕方を勉強しながら、自分で身のまわりの世話をしなければいけないと思ってしまうんです。

でも、家族にとって望ましい介護との関わり方はそうではありません。**どんなに介護が長引いても疲弊《ひへい》しない距離感を冷静に見定め、介護のプロや親戚、ご近所さんなどの力も借りながら自然で無理のない関わり方を見つけることが大切**なんです。

外部の支援なしで介護を戦っても望む成果は得られません。親の状態は悪くなる一方で、仕事も介護の負担からうまくいかなくなる、というケースは少なくないのです。また、その時点で冷静になり、外部の支援に頼ればいいんですが、実際には介護に専念するため退職に至る場合が多い。**私たちの調査では、介護経験者の約半数が介護開始から2年前後で離職に至っています。**

柴田 自分でできるというプライドもあるし、意地になってしまうんでしょうか。

川内 このままでは終われないという心境なのかもしれませんね。ともあれ、優秀な社員ほど親孝行の罠にハマり、介護離職に追い込まれやすく、ついには心身ともに疲れ果て、燃え尽き、倒れてしまいがちです。

▶ 介護経験者の仕事とプライベート

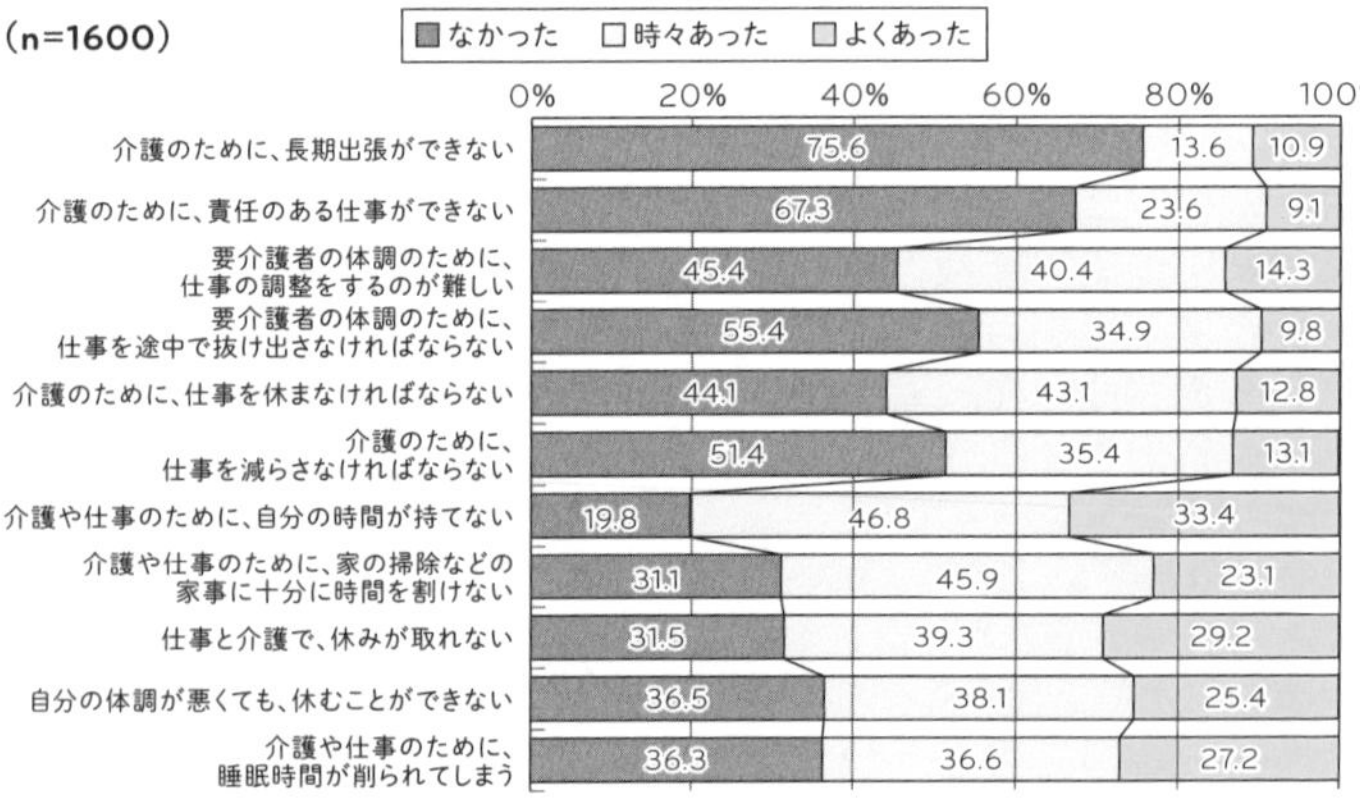

「介護経験者の仕事とプライベートの状況」を聞いた2020年の調査。介護によって仕事にネガティブな影響が出ていることが見てとれる。NPO法人となりのかいご「介護離職白書 介護による離職要因調査」をもとに作成

子どもが倒れてしまえば、もはや親の面倒を見る人はいませんから、外部の支援がない限り、親も倒れざるを得ない。**介護の親子共倒れは実際にたくさん起きています。**

柴田　親の介護を頑張っている子どもは周囲もなかなか止められませんしね。
ここ数年は、コロナ禍をきっかけに在宅勤務も増えたので、余計に自分で親の面倒を見る人が増えているんじゃないですか？

川内　その傾向は明らかです。ただ、**リモートワークと在宅介護の相性は悪い**と言っていいでしょう。
仕事中でも親から声がかかれば対応せざるを得ないので、仕事の質は落ちてしまいます。その一方、親は子どもが家にいるのでさらに依存が強まってしまうのです。

▶ 介護経験者の離職状況

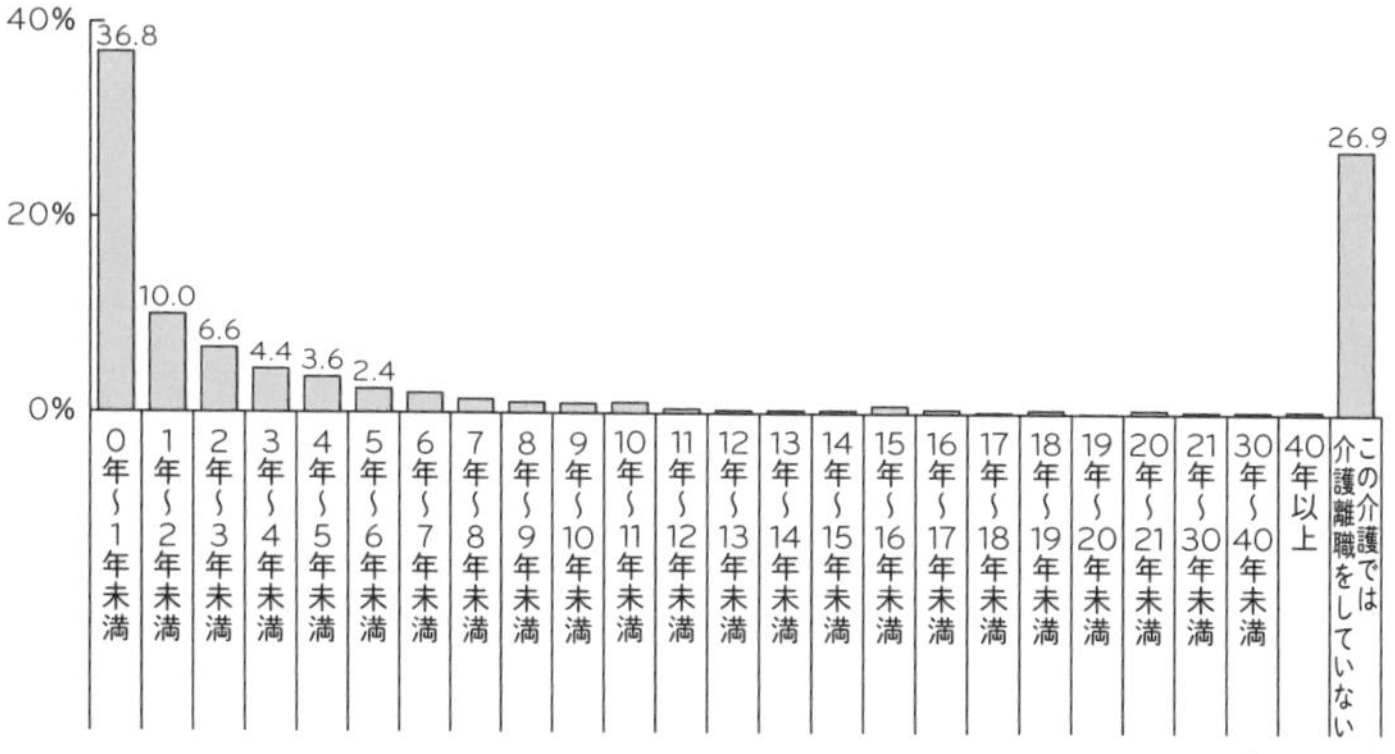

(n=800)

「介護を経験した人の離職状況」を聞いた2020年の調査。介護離職していない人が26.9%いる半面、3年未満で離職した人も53.4%にのぼる。NPO法人となりのかいご「介護離職白書　介護による離職要因調査」をもとに作成

介護は頑張った人ほど後悔が多い

柴田　実はうちの近所の家の旦那さんが、しばらく前に故郷で暮らすお母さんの介護をすると言って仕事を辞めて帰ったんですね。家族は残して自分一人で。その後、お母さんが亡くなって、向こうで仕事を探したようなんですがなかなかなくて、東京に戻ってきたんです。それで新しい仕事に就いて働いているんですけど、元気がなくて。仕事まで辞めて実家に帰ることはなかったのに、と思っちゃうんですよね。

川内　そうやって「親の介護のために」と片道切符のようにして仕事を辞める方は、自ら犠牲を払うことで親孝行を証明するスイッチを入れているのかもしれません。でも、介護は1年後か5年後かはわかりませんが、いつかは終わります。私は親を見送った方の相談をよく受けますが、**共通しているのは頑張って介護した人ほど後悔が強いということ**です。悔いを残さないために懸命に頑張ったはずなのに。

柴田　どうしてですか。

川内　大きな理由は三つあります。

一つは、頑張る人ほど親を亡くしたロスが大きいから。自分の生活に介護が占めている割合が大きければ大きいほど、つまり要介護の度合いが重ければ重いほど、残念ながら介護はある日突然強制終了します。すると親の世話をしたくてもできなくなって、何をしていいかわからなくなる。頑張った人ほどロスが強くなるんです。**もう一つは頑張る人ほど親孝行の罠にハマりやすいから。**頑張って介護をするほど、気持ちに余裕がなくなるので、親の言うことが受け入れられなくなります。たとえば、真冬なのに、突然親から「かき氷が食べたい」とか言われたりするわけです。すると子どもはカチンときて、つい言っちゃうんですね。「私がこんなに頑張ってるのにふざけてるの？　わがまま言わないで！」と。介護が終わって気持ちに余裕ができたとき、言い返したその言葉がふと甦《よみがえ》り、自分の胸に突き刺さるんです。

柴田　あー、あんなこと言わなきゃよかったと。

川内　そうです。「なぜ、あのとき、かき氷を食べさせてあげなかったんだろう。いまから思えば、あれが最後の機会だったのに」と、ものすごく後悔するわけです。取り返しがつかないわけですね、親はもういないから。

そして**三つめは、頑張りすぎる人ほど自分の人生が変わってしまったことにショックを受けるから。**会社を辞めてまで親の介護をする方は、頑張りすぎるきらいがありますから、親が亡くなり、冷静になったとき、順調だった自分のキャリアが介護

柴田　で一変してしまったことに打ちのめされるわけです。

川内　なんで会社まで辞めてあんなにお母さんのために頑張ったんだろう、って。

柴田　自己犠牲が大きいと、その分、報われなかったときの悔恨も強いんです。

川内　いまは再就職も大変ですしね。

柴田　実は最近、海外で働いている方から、「親が倒れて介護が必要になったので、会社を辞めて日本へ帰ろうと思うんです」と相談を受けました。「帰ってきちゃダメです」と即座にご忠告申し上げました。後悔する可能性が極めて高いので。

川内　頑張りすぎると、その反動や副作用が強く出ちゃうんですね。

柴田　ですから、ご相談をいただく方には、**後悔したくないなら頑張りすぎないほうがいいですよ、と自信を持ってお伝えする**ようにしているんです。

後悔をゼロにはできない、悩んで最善と思うことをするしかない

柴田　私の母はとても気丈《きじょう》な人ですけど、90代なので多少認知症も始まってるんですね。前から実家と病院と介護施設をローテーションのように出たり入ったりしていて、最近は徐々に病院にいる時間が長くなってるんです。実はいまも入院中で、だいぶ

川内　消化器系が弱ってるようで、今度ばかりは退院は難しいかもという状況なんです。

柴田　そうでしたか。

川内　本人はしっかりしてるつもりなんですけれど、実家で一人で暮らすのはもう難しいかもしれない。それで正直迷いが出てきたんです。

ちょっと前までは「母が一人暮らしをしたいなら、そうさせてあげたい。それが母の幸せだから」と思ってたんです。だから、まわりの人たちから「絶対施設に入れたほうがいいよ」と言われても、「本人が頑張って一人暮らしをしたいと言ってるんだから、いつダメになるかもわからないけど、私はさせてあげたい」と言ってそうしてきたわけです。周囲の反対を押し切って。それもあって母には、「夜中に一人で家で倒れても誰も助けにこんよ。それでもいい？　化けて出んといてね」と念押しまでしてたんです。そしたら「わかった。私は化けて出ません」って（笑）。

柴田　とてもいい話です。素晴らしい。

川内　だけど、いまはどれだけ母が家での一人暮らしを望んでも、体がそれを許さないですから。何をするにも人の手を借りないといけないとなったら、現実問題として難しいじゃないですか。だから病院や施設にいるほうが母にもいいのかなって……。でも、やっぱり母は家に帰りたいんです。それが痛いほどわかる。だから先程の真冬のかき氷の話と同じで、いくら家に帰りたいと言っても、「そんな状況じゃないでしょ」と思う半面、「そんなに帰りたいなら、たとえ寝たきりでも実家で過ごせる態勢を整えたほうが……」と考えもするんです。二度と家に帰らないで亡くなったら、やっぱり後悔するのかなあ。「なぜ、あのとき諦めちゃったんだろう。もう一度だけ母を家に帰してやってくださいってどうして言えなかったんだろう」って。もちろん母には「また家に帰るんでしょ。頑張ろうね」と言ってはいるんですけど。

川内　**まず一つお伝えしたいのは、後悔はゼロにはならないということ**です。どんなに頑張って介護をしても、先程言ったように、必ず後悔はあります。むしろ頑張れば頑張るほど後悔は強くなる。後悔のない介護はないと思ったほうがいいです。

そもそも介護には、正解があるわけではありません。たとえば、いまの柴田さんのお話で言えば、しっかり介護の態勢を整えたうえでお母さんを実家に迎え入れたとしても何かしら重大なアクシデントが起きて、これなら病院にいたほうがよかったと思うかもしれない。でもそれは結果論です。

柴田　それはそうですよね。

川内　実家に帰ったほうが、柴田さんのお母様が望むような穏やかで幸せな日々を過ごせる可能性だってもちろんあります。

柴田　確かに。

川内　**一番大事なのは、子どもが親のためにあれこれ悩んでいる選択肢の中身が、本当に親が望んでいることなのかどうか、ということ**です。

柴田　と言いますと？

川内　親の言っていることは本心か、ということです。

たとえば、親が「そんなことはしてくれなくていい」と言っているけれど、本音では望んでいるかもしれない。でも実際にそれをやったら、親は本当に喜ぶのか。望んでいたことなのに、いざやってもらったら、子どもに負担をかけたと後悔するかもしれない。**人間の心理は複雑ですから、正解のはずが不正解になったりする。**

柴田　親の本音をどう受け止めるか。うーん、難しいものがありますね。ただ、母が実家に帰りたいというのは、あれはもう間違いなく本音だと思いますけど。

川内　それがわかるのは、やっぱりお母様の生き方や価値観を柴田さんがよくご存じだからです。そのうえで、「状況的に実家で一人暮らしは厳しい」「でもお母さんは実家に帰りたい」——そこでどうするのがお母様のためにいいか悩まれている。

柴田　まさにそうです。

川内　私はそれでいいのではないかと思います。だって介護に正解はないんですから。**—**

番まずいのは、これが正解だと考え、「もう、これでいく」と勝手に決めてしまうことです。重要なのは何を選んだかより、なぜそこに至ったかのプロセスです。だってそれは、お母様のために柴田さんがあれこれ考え、悩んだ証《あかし》そのものだから。

柴田　悩んで最善と思う選択をすればいい、ということですか。

川内　それこそが一番の答えだと思います、とお伝えしたいです。

さらに付け加えるなら、その判断に至るプロセスを誰かと共有することです。そうすれば、もし柴田さんが選択について後悔することがあったとしても、「いや、でもさ、あのときはこういう理由で、お母さんのために一番いいんだよということになって、あの判断になったんだから、よかったんだよ」と周囲の人も言ってくれるはずです。そうすれば、痛みも和《やわ》らぐし、救われると思うんです。

柴田　悩んだ末の選択なら、結果はどうあれそれでいいと。

川内　私はそれで十分じゃないかなと思うんですね。

親にとって何が一番幸せなのか、を考える

柴田　そうなると、**やはり親にとって何が一番幸せなのか、ということを子どもが理解し**

ていないといけませんよね。それがわからないと何が最善なのか悩みようもない。

川内　おっしゃる通りです。

柴田　私は一人っ子だったせいもあるのかもしれないけど、母とはとても仲良しで、母は「いつまでも自分の家で暮らしたい」とか「延命治療は必要ない」とか、そういう生き方や死生観に関することをよく話してくれたし、話せる関係だったんです。

川内　それは素晴らしいですね。

柴田　介護が必要になる前にそういう話ができていたので、母に介護が必要になったときも「家で一人暮らしがしたい」という母の願いをいかに叶えるか、というのがケアプランの大前提でした。先程お話しした悩みもその延長線上のことです。

だから大事なのは、親が元気なうちに、親の生き方や考え方を子どもが理解しておくことではないかと思うんです。そうすれば、親に介護が必要になったとき、親にとって何が幸せか、介護方針も決まるだろうし、一本芯《しん》が通せると思うんです。

川内　もうまったくその通りだと思います。でも残念ながら、世の中、柴田さん親子のように考える人たちばかりではなくて、**親にとって何が一番幸せなのかを抜きにして、子どもとしてやれることを全力でやろうとする人がとても多い**んです。

柴田　頑張ることがゴール（自己目的化）になっちゃうんですね。親にとって何が幸せなのか、それに気づくにはどうすればいいんでしょう？

川内　**世間で言う「正しさ」だけで親を見ないこと**ですね。　仕事柄いろいろなご高齢の方と接しますが、まったく身寄りがなかったり、これまでギャンブル三昧《ざんまい》だったり、ご家族に見放されていたり、隣にいるのは妻ではなく愛人の方だったり、それはもう、まさに人の数だけ人生はあるんだな、と実感します。と同時に、**正しく生きなきゃならんという感覚に私自身が縛られてきたことにも気づく**わけです。

柴田　と言いますと？

川内　たとえば、ギャンブル好きのお父さんは、競馬に少額を投じてラジオの中継を聞いてる瞬間が最高に楽しいわけですよ。誰に迷惑をかけるわけでもない。それで楽しく生活できる。ニコニコされてる。ああ、別に何してもいいんだな、それを決めるのは社会じゃなくて自分なんだな、と思ったわけです。ギャンブルは悪みたいな価値観から解放されて、私自身がすごく楽になった。

あるいは、病気との向き合い方についてもそう。私はずっと、病気になったら正面から戦わなきゃいけないみたいな価値観で生きてきて、正直つらかったんですけど、ある方と出会って、別にそうする必要もないんだと思えるようになりました。その方は糖尿病で視力が落ちていて、足も隻脚《せっきゃく》で片方を失っているんですけど、お

柴田　風呂上がりにコーラを飲むんですよ。しかも2ℓのペットボトル（苦笑）。

川内　えーっ⁉　糖尿病が悪化しちゃうでしょ？

柴田　もちろん医者に止められてます。だから見てるこちらはドキドキします。何か起きたらもう救急搬送です。

でもおいしそうに飲むんです。本当にいい表情をされるんです。ご本人だって体に悪いことはもちろんわかってます。でも飲みたい。依存症とかそういうのとも違う。残りの日々を生きるための、それこそがささやかな喜び、楽しみの瞬間なんです。それがその人の生き方だし、結果として命を縮めても、きっと本人は、しょうがないと思ってるわけです。だったらもう見守るしかないんです。奥さんもそう思っているから、コーラのあとにパンケーキを出したりする。ニコニコしながら（笑）。

川内　うわあー、それはもうしょうがないと思ってるんですね。覚悟を決めてる。

柴田　あるいはこんなケースもあります。あるご高齢の女性は、喉《のど》に穴を開けて痰《たん》の吸引が必要なんですが、ご自宅で一人暮らしをしています。その方の家から大学病院が見えるんです。痰が詰まると窒息《ちっそく》のリスクがありますから、本当はあそこへ入ったほうがいいんだけどな、と思うわけです。でも、その方は家にいたい。なぜか。猫を飼っていまして、その猫と一緒にいたいんです。

柴田　猫と離れるくらいなら死んだほうがマシだと（笑）。

川内　本当にそうおっしゃってました。もうね、すごいお家ですよ、猫が幅を利かせてて。あちこち爪《つめ》を立てるので壁紙でもソファでもビリビリ裂けてるし、その方が要介護状態ですからトイレ掃除も行き届かない。猫はトイレが汚れていると嫌がって、ところかまわずしたりしますよね。私、何度も踏んづけましたよ（苦笑）。

それを見たら誰だって、こんな不衛生なところに医療が必要なご高齢の方を置いていていいのかと思いますよ。でも、その正しさだけで判断したら、その方の希望する猫との暮らしは成立しなくなっちゃうんですね。

柴田　**世の中の正しさだけでは介護ははかれない。**

川内　おっしゃる通りです。**人の生き死にというのは、その人のものですから、世間で言う正しさだけでははかれないし、なんでもありなんですよ。**

柴田　その話を聞いてふと思い出したんですけど、父は甘いものなんて好きじゃなかったはずなのに80歳を過ぎた頃から、よく飴《あめ》をなめたいと言い出したんです。第2次大戦中に少年時代を過ごした世代ですから、甘いものなんてめったに食べられなかっただろうし、いまでこそスイーツ男子なんて言葉もありますけど、長く甘いものは女性の専売特許みたいに思われてきたから、本当は好きなのに我慢していたのかもしれないなと思って、帰省するときはよく飴を買っていきました。世間的には健康を考えて甘いものは控えがちですけど、そんなに食べたいなら別にいいじゃないと思って。糖質制限とかしていたわけでもなかったし。
そう言えば、入院中の父が最後に口にしたのは、大好きな蒸し栗だったんですよ。父は二つ食べると「それもくれ」と私の分まで食べて。とても嬉しそうでした。母と、「お父さんが喜んでくれてよかったね」と言いながら家に帰ったんです。それからまもなくですよ、病院から「お亡くなりになりました」と電話があったのは。

川内　えーっ、そうだったんですか……。

柴田　びっくりしました。でも、母と言ったんです。大好きな蒸し栗を家族で一緒に食べて、満足して逝《い》ったんだよ、って。だって本当に嬉しそうでしたから。

川内　いい笑顔をされたんでしょうね。

柴田　そうなんです。

川内　ですから**食べたいものがあれば、食べたらいいと思うんですよ。でも実際には家族が先回りしてあれもこれもダメと禁止にしちゃうケースが少なくない**んです。

柴田　かえってストレスになってよくないかもしれない。

川内　肺がもう真っ白なのにタバコを吸いたい人もいるし、何度転んでも日本家屋の縁側にいたい人もいるわけです。家族としては親の健康や安全を第一に考えて、それはやめさせたい、となるけれど、**果たしてそれが親のために本当にいいことなのか、という視点は持っているべき**だと思います。

柴田　そうなるとやっぱり、**親が笑顔になれること、やりたいこと、大事にしていることと、そういう価値観というんでしょうか、まずはそれを把握しないといけない。**

川内　そう思います。そうすればどういう介護をするのが親にとっていいことなのか、自《おの》ずと決まるはずです。

たとえば、胃に直接栄養剤を入れる胃ろうってありますよね。それについて親がどう考えるか、それがわかるだけでも、とにかく長生きしたいのか、長生きするよりほかにもっと大切にしたいものがあるのか、ある程度わかるはずです。

柴田　私も母から終末期の延命医療はいらないと聞いていたので、それが母の介護を進めるうえで大きな指針というか、手引きの役割を果たしてくれました。

川内　やはり死生観に関わるようなことは、その方の生き方や考え方、哲学みたいなものが色濃く出ますからね。そのあたりから探りを入れて、少しずつ理解を深めていけば、いざ介護が始まったとき、どうすることが親にとって一番いいのか、親子で価値観を共有できるのではないでしょうか。

家族の都合で親の介護をしてはいけない

川内　よく「親の面倒を見る」という言い方をします。「じゃあ、その面倒って具体的に何をされてますか？」と聞くと、**家族の不安を解消するのが目的になっていることが多いんですね。親にとって本当にそれが必要かと言えば、ほとんど「NO」**です。

柴田　たとえば、どんなケースですか？

川内　ある娘さんは「母を一人で家に置いておくのは心配なのでショートステイに入れたい」と言います。

本当にその必要があるのか、ケアマネジャーさんに確認すると、「あのお母さんはすごく元気で、いつも私たちと楽しく会話しています。お一人で自宅で夜を過ごされても大丈夫だと思いますよ」と。それがプロの判断なわけです。それで私は「まだ早いです。そんなに先走らなくても大丈夫ですよ」と娘さんに申し上げました。

柴田　親の面倒を見てるつもりが、実は自分の不安を解消してるだけだったと（苦笑）。でも親が一人だと、心配になるんですよ。その気持ちはよくわかります。いつ何が起きるかわかりませんからね。だからこそ私も母も覚悟を決めたわけです。

川内　化けて出ないでよ、と（笑）。

柴田　はい（笑）。

川内　でも、一緒に住んでたら、もっと不安になりますよ。「お母さん、朝ごはん食べてない」「トイレに行ってない」「お昼になってもパジャマでいる」などと四六時中目にすることになる。先程の監視カメラも同じです。でも、一緒に住まず、カメラもつけなければ、それを見ないで済みます。

柴田　見なきゃわからないので、そうしたことにいちいち不安や不満を持つこともない。

川内　そもそも別にいいんじゃないですかね。80歳を超えて一日中同じ服でいても。

柴田　おなかが空《す》いてなかったら別にごはんを食べなくても？

川内　いいんですよ、それで。ごはんは朝昼晩三食食べなきゃいけないとか、朝起きたらパジャマは着替えなきゃダメとか、**いちいちあるべき正しさを求めちゃうと、親を追い詰めることになります。それで親がやらないと、「どうして食べないの！」「なんで着替えないの！」とイライラし、怒りをぶつけるようになってしまう。**

柴田　あー、また親孝行の罠ですね。

川内　そうなんです。あと、「親の面倒を見る」には家族の不安というより家族の都合が優先されるケースもよくあります。

たとえば、「週3回はデイサービスに行ってもらわなきゃ困る」とか「月に一度はショートステイに行ってほしい」とか、家族が希望されることがあるんですが、多くの場合、親の状態はそこまで悪くはない。じゃあ、なぜかと言えば、介護に疲れてしまい、休息がほしいからです。

柴田　それだけ家族も大変なんだよ、という言い方もできそうですが。

川内　お気持ちはわかります。**でもその介護疲れは、子どもが親にあるべき正しさを求めすぎて、イライラしてしまうから、というケースも少なくない**わけです。

実は先日もこんな相談を受けました。

ある息子さんが、「もうしんどいから、親のデイサービスをいまの週2から週4にしたいと地域包括支援センターに相談したんだけど動いてくれない」と言うんです。

でも、地域包括支援センターに確認すると、息子さんがお父さんの行動を逐一チェックして、「そうじゃない、こうだろう」とやっていると。「確かにお父さんは食事を抜いたり、寝間着のままだったり、少々ちゃらんぽらんなところはあるけれど、いたって健康で元気だから、その必要はないと思いますよ」と言うわけです。

介護の主役は、あくまでご本人ですから、ご本人が大丈夫なら、無理にデイサービスに通う必要はないんです。なので、その息子さんには、お父さんはそれで生活できているんだから、あまり求めすぎないほうがいいですよ、と申し上げました。**こういったケースでは、基本的に「放っておきましょう」とアドバイスさせていただくことが多い**ですね。

柴田　でも、なかには、本当にもう疲れ切ってしまって、このままだと倒れちゃうから、もう少し息が抜ける時間がほしい、という場合もあると思うんです。老老介護で、旦那さんの面倒を奥さんが必死に見てるケースとかありますよね。

川内　確かにいまのご高齢の世代には「お父さんが他人の世話になるのが嫌と言うなら、私がやるしかない」と考える方が少なくありません。そういう方は最初から外部の支援を受ける気がないので「誰かに相談しましょう」と言ってもたぶん無理です。そこで**こういった場合は、子どもたちが、「お母さんが疲れ切っている。何とかしたい」と地域包括支援センターに相談すること**です。そうすれば、ケアマネジャーさんが間に入って解決の道筋を一緒に考えてくれるはずです。

柴田　その場合、川内さんならどんなふうにお話しされますか？

川内　そうですね。やっぱり、**奥さんに休んでいただくことが旦那さんの介護環境としてもいいと考えて、「お母さんが自分のせいで疲れていく姿を見るのは、お父さんにとってもつらいでしょう」というアプローチ**でしょうかね。

柴田　なるほど。

川内　あと外部支援を望まない方は、そもそも他人との関わり合いを避ける傾向が強いので、旦那さんがデイサービスへの通所を受け入れた場合は、**「あの方は孤高の人です」と施設に申し送りをして、お一人でゆっくり本でも新聞でも読んでいただけるようにします。**

柴田　そういうことができるんですか？

川内　もちろんです。あえて誰も話しかけないようにします。

柴田　それは全国どこのデイサービスでもそうなんですか？

デイサービスというと、どうしてもみんなで一緒に「タンバリンを叩《たた》きましょう」みたいなイメージがあるんですよ。頑固一徹のお父さんが、「なんでそんな子どもみたいなことをしなきゃいけないんだ！」とむくれちゃうとか（苦笑）。

川内　確かに、デイサービスの数という点では、都会と田舎では大きな違いがあるかもしれませんが、その手の何かを強制させるようなデイサービスはだいたいもう潰れていると思いますよ。競争に勝てないです。ものすごく競争が激しいですから。

柴田　へーっ、そうなんですか、知りませんでした。

川内　ですからデイサービスに行っても一人でいるのがよければ、それも可能ですよ、ということです。とはいえ、基本的にデイサービスは親の預かり所ではないので、その点はよくご理解いただく必要があります。

デイサービスは、介護のプロが利用者さんご本人の意思と状態を確認し、これは利用したほうがいいと判断して初めて通うべき施設です。ご本人の思いを受けて生活意欲を向上させるための場所なのに、なぜか**世の中には、親が年を取って足腰が弱ったらデイサービスに行くのが当たり前という変な方程式がある**んですね。

柴田　私もそう思ってました。

川内　でもデイサービスは魔法のサービスじゃないんですよ。基本的に行きたくない人や行く必要のない人が行っても楽しめないし、いいことはありません。

柴田　介護は、親のためのものでないといけない。

川内　それが大原則です。でもなかには、私たち介護職が、少しでも穏やかに気持ちよく過ごしてほしい、と考えて利用者さんの笑顔をいろいろ知恵を絞って引き出しても、それをまったく喜ばないご家族もいるんです。

柴田　えっ、どういうことですか？

川内　私が担当していた訪問介護のケースですが、あるとき息子さんに言われたんです。「母はとても厳格で、笑顔を振りまくような人ではなかった。あんな姿は見たくない。母が笑顔になるような介護はしてくれなくて結構だ」と。

川内 へー、そういう方もいらっしゃるんですね。

柴田 ニコニコしてるお母さんは、自分のイメージと違うから嫌だというんです。その方は笑顔がチャーミングな女性でしたが、最初はほとんど笑うことがなかった。それで何とか笑顔を引き出そうと、面白いことを言ったり、その方の若い頃の話をしたり、昔聴いたであろう美空ひばりの歌を覚えて一緒に歌ったりしたわけです。そうやって心を通わせるようにしたら、素敵な笑顔を見せてくださるようになって。ところが、息子さんは、「お前は介護の仕事をするためにうちに来てるんじゃないのか？　へらへら笑ったり、歌なんか歌ったりして、なぜ真剣にやらないんだ！　笑うな！」と大変なご立腹で。

川内 あれまぁ……。

柴田 「母に何かあったら困るから、自分は1分1秒たりとも目を離さず見守っているし、できる限りのことをしている。なのに、お前はなんだ！」と言うわけです。

川内 ひょっとして見守りカメラも？

柴田 はい。お母さんの介護のために、仕事も辞められていました。

川内 やっぱり……。

川内　せっかく利用者さんと信頼関係を築いても、ご家族に否定されてしまうと、こちらも困ってしまいます。かといって反旗を翻《ひるがえ》せば、当然、出入り禁止です。

柴田　気持ちはわかるけれど、お母さんにとっての幸せが、どこかに行ってしまったんですね……。

川内　そもそも介護サービスは健常者向けのそれとは違います。**たとえば、認知症の方が対象になる介護施設のグループホームでは、利用者の自助・互助を重視して生活能力を維持するのを目的としているので、介護スタッフは利用者のやれることまでやってはいけない**んですね。あえてやれることをやらずに見守るのも仕事なわけです。それをご存じないと、「なぜ手を貸さない？　虐待だ！」となりかねない。

柴田　結局、その「笑うな！」のケースは、どうされたんですか。

川内　息子さんの前では、あえて笑顔を引き出すようなことはやめました。それでもお母さんには信頼していただいていたので、こちらから働きかけなくても、時折素敵な笑顔を見せてくれました。そして、少しずつ息子さんとの信頼関係を築けるように試行錯誤を続けました。

3 介護サービスへの上手な頼り方

地域包括支援センターは一番いい介護の方法を見つける第一歩

柴田　いまのお話を伺って思ったんですけど、**親の介護って、ケアマネさんとかヘルパーさんとか、介護のプロの方との連携がものすごく大事**ですよね。

川内　おっしゃる通りです。それには**親の様子で何か気になることがあったら、なるべく早く地域包括支援センターに相談して、外部の支援を仰ぐことです。そして介護のプロの方に入っていただく。**

先程も申し上げた通り、地域包括支援センターへの相談が遅れると、いよいよ困った家族が外部の支援を頼もうとしたときには、親の家族への依存が強くなりすぎていて、うまくいかないケースが多いんです。

柴田　「私を見捨てるつもりか！」と親が激怒し、親子関係が崩壊しかねない。

川内　それで無理を重ねると親子共倒れという悲劇を招きかねません。最悪の場合は行政が介入し、強制的に施設入所の措置がとられることもあります。ですから、とにかく早めに地域包括支援センターに相談することです。

柴田　病気やケガと違って、認知症の場合は始まりがはっきりしませんよね。「最近、親の物忘れがひどくなったような気がする」という段階でも相談していいんですか？

川内　もちろん大丈夫です。

厚生労働省の「2019年国民生活基礎調査」によれば、65歳以上で介護が必要になった原因のトップ3は、①認知症（17・6％）、②脳血管疾患（16・1％）、③高齢による衰弱（12・8％）となっています。

認知症が1位ですが、おっしゃるように、いきなり始まるわけではないですよね。ですから、「最近親の元気がない」「物忘れがひどくなった」「身のまわりのことが以前のようにできなくなった」などのように、**何かしら「あれ……？」と気になることがあったら、地域包括支援センターに相談してみるのがいい**んじゃないかと思います。介護のことなら、どんな初歩的なことでも相談に乗ってくれますし、アドバイスが受けられます。

柴田　それは心強いですね。

川内　認知症だけでなく、「だいぶ衰えたな……」と親の老いを感じるようになった場合でも、とにかく地域包括支援センターへ相談しましょう。

彼らはプロですから、「歩くのが遅くなった」「筋力が衰えた」「疲れやすくなった」「体重が減った」「風邪をひきやすくなった」等々、加齢が原因の介護の前段階についても十分な情報を持っています。

地域包括支援センターは親の住所地でネット検索をかければ、すぐにわかると思いますが、もしわからなかったら親の住所地の市区町村役所（場）の介護支援窓口に連絡すれば、すぐに教えてくれるはずです。

柴田　なるほど。親の様子が気になったらまずは地域包括支援センターへ、ですね。

川内　それが親にとって一番いい介護の方法を見つけるための最初の一歩です。

私たちのNPOでは、「家族の不安解消！　チェックシート」というものを作成していまして、**濃い黄色の枠に三つ以上チェックが入ったら、地域包括支援センターへ相談したほうがいい**ですよ、とご案内しています。

柴田　ちなみに、親はまだ元気で、特に気になることもないけれど、先々に備えて介護のことをいろいろ教えてほしいという人もいると思うんです。その場合でも地域包括支援センターに相談しても大丈夫ですか？

川内　もちろんです。**特に親と離れて暮らしている方で、将来的に遠距離介護を考えているなら、「この地域ではどんなふうにサポートしてもらえるんですか？」と故郷の地域包括支援センターに聞いてみたらいい**と思います。

そうすれば、いざ何かあったときに、「こういうことをしてくれると言ってたな」と気楽に相談できると思うんです。

柴田　一度話を聞いておけば、実際に親に介護が必要になったとき、相談しやすくなるわけですね。

川内　相談するハードルが相当下がるはずです。事が起きてから心の準備もないまま相談するより、そのほうが落ち着いて対処できます。ですから地域包括支援センターへの相談は、実は親が元気なうちにこそ考えるべきかもしれません。

ただし、「相談すること＝デイサービスの利用」みたいには考えないことです。子どもが親をデイサービスに通わせたいと思っても、親にはそのつもりがなく、プロの目から見てもその必要はない、というケースは、繰り返し述べてきたように、よくあることだからです。介護のプロは、そうした場合の対処の仕方まで含めて、ケースバイケースで相談に乗ってくれますし、適切な処方箋を提示してくれます。

家族の不安解消！ チェックシート

～このシートの使用方法～
1、まずは心配な家族を想像しながらチェックをしてみてください。
2、次に、実際にその家族と会ってみて、改めてチェックしてみてください。
※すべてを完璧にチェックする必要はありません。
　よくわからない場合は「不明」にチェックを入れてください。

1	一人でバス・電車・自家用車で出かけているか？	はい	いいえ	不明
2	日用品の買い物に出かけているか？	はい	いいえ	不明
3	週に1回は外出しているか？	はい	いいえ	不明
4	ここ最近、外出の回数が減ってきているか？	はい	いいえ	不明
5	預金の出し入れをしているか？	はい	いいえ	不明
6	友人の家に出かけているか？	はい	いいえ	不明
7	家族や友人の相談に乗っているか？	はい	いいえ	不明
8	階段を手すりや壁をつたわらずに昇っているか？	はい	いいえ	不明
9	イスに座った状態から何もつかまらずに立ち上がっているか？	はい	いいえ	不明
10	15分ほど続けて歩くことができるか？	はい	いいえ	不明
11	この1年間で転んだことはあるか？	はい	いいえ	不明
12	転ぶことに恐怖があるか？	はい	いいえ	不明
13	この半年間で2、3kg以上の体重減少があるか？	はい	いいえ	不明
14	固いものが食べづらそうにしているか？	はい	いいえ	不明
15	お茶や汁物でむせることがあるか？	はい	いいえ	不明
16	同じ話題を繰り返し話すことがあるか？	はい	いいえ	不明
17	自分で電話番号をダイヤルして電話をかけているか？	はい	いいえ	不明
18	今日が何月何日かを把握できているか？	はい	いいえ	不明
19	以前は楽しんでいたことが楽しめなくなってきているか？	はい	いいえ	不明
20	以前は楽にやっていたことがおっくうになっているか？	はい	いいえ	不明
21	疲れた、と落ち込んでいる様子はあるか？	はい	いいえ	不明
22	日々の生活を楽しんで送ることができているか？	はい	いいえ	不明

NPO法人となりのかいご作成の「家族の不安解消！　チェックシート」。NPO法人となりのかいごでは、濃い黄色の枠に三つ以上チェックが入った場合、地域包括支援センターへの相談を推奨している

「何かあったら許さん！」では、介護スタッフは働けない

柴田　遠距離介護をしてみて、親の状況の変化に臨機応変に対応してケアプランを変更したりするうえでも、ケアマネさんやヘルパーさん、主治医の先生といったプロの方との密な連携がとても大事だと痛感します。こういった介護のプロの方にいい仕事をしていただくには、どんな点に注意したらいいですか？

川内　とても大事な質問です。まず一番に申し上げたいのは、どうすることが親にとって一番いいことなのか、幸せなのか、それをはっきりさせることです。

柴田　それがわからないと介護方針も決められませんよね。

川内　おっしゃる通りです。ただし**親の要介護の状態によって、一番の幸せが変わってくる可能性がありますから**、その都度、連携を密にしてケアプランを再調整する必要が出てきます。そのとき**臨機応変にその対応ができるかどうかは、利用者さんご本人とご家族、それに介護のプロたちとの信頼関係にかかってきます。**

そこで声を大にして申し上げたいのは、**「何かあったら許さん！」「親が死んだらお前たちのせいだ！」という姿勢では介護スタッフは働けない、**ということです。

柴田　介護は予想外の連続で、どれだけ気をつけても何かが起きてしまうことはありま
す。介護に正解はない。今日は正しくても、明日も正しいとは限らない。それくら
い介護は難しい。人はいつどこでどうやって死ぬかなんて誰にもわからないんです。

川内　そもそも高齢で介護が必要な状態なわけですからね。

柴田　そうなんです。いつ何があってもおかしくはない状態なんです。ですからご家族
は、親には長生きしてほしいが、人はいつか死ぬものだと思って、何かが起きると
きは起きる、という覚悟を持っていただきたいんですね。

介護に完全・完璧はあり得ない。

川内　はい。でないと、介護スタッフに筋違いの恨みを持つことになる。実際、親がちょ
っと擦り傷をつくったら「お前らが虐待したんだろ！」と介護スタッフを疑うご家
族もいる。なかには「訴えてやる！」とおっしゃる方も。

柴田　わぁ……。介護のプロなんだから完全・完璧にやって当然と思うんでしょうか。

川内　だと思います。でもそれは無理なんです。なので、介護スタッフにいい仕事をして
もらうには、「もし親の死に目に会えなくても文句はありません」と伝えることで
す。それを聞いたら介護スタッフは「よし、一生懸命やろう！」と頑張れます。

柴田　私はあなた方を信頼して、親の介護をお任せします、ということですね？

川内　決して丸投げするという意味ではありません。**ご家族は親の介護をマネジメントする責任者**になって、どうすることが親の幸せなのか、介護のプロと一緒に考えながら、彼らをうまく使って、それを実現しましょう、ということです。

柴田　介護のプロと一緒に親の幸せを考えながら、現場の介護はプロのみなさんにお任せして、うまく働いてもらう。餅《もち》は餅屋でプロに任せたほうが親も子も幸せだと。

川内　そうです。ところが、その「一緒に考える」や「現場のスタッフを信頼して任せる」をしないで、すべてを自分で仕切ろうとするご家族が少なくないんです。

特に親の介護を自分でやろうとする人は、外部の支援を仰ぐことになっても、ケアマネさんやヘルパーさんのサービスにも口を出し、自分で管理しようとしがちです。私たちに利用者さんの幸せを一緒に考える余地をくださらない。「あなたは私の言う通りにすればいい。だから親をデイサービスに行かせなさい」となってしまう。

柴田　仕事を部下に任せないで、あごで使う嫌な上司って感じですね（苦笑）。

川内　でもそういう方は、たいていみなさん、疲れ切っているんです。最初から親の介護を外部に頼らず自分でやってきていますから。

その意味では大変お気の毒でもあるわけで、早く外部の支援を受けていたら、親御さんの幸せを一緒に考えられたのにな、と思うケースが多いです。

柴田　だからこそ、早めに外部の支援を頼ったほうがいいわけですね。

川内　ただ、なかには地域包括支援センターに行くと、すぐ介護サービスを受けるように、事務的に進められるんじゃないかと不安な人もいるんじゃないでしょうか？

それは相談される方が、最初から介護サービスの利用を前提にしているからです。「母がこういう状態なんですが、ヘルパーさんを頼むほうがいいですか？」「デイサービスに行くほうがいいですか？」といった質問から始まる方がとても多いんですが、**本当に大事なことは、どんなサービスを利用するかではなく、うちのお父さん、あるいはお母さんは「こういう人なんです」ということをまず伝えること**です。

具体的には、どんな仕事をしてきたのか、性格はどうか、家族関係はどうか、趣味は何か等、その方がどんな人なのかわかる情報です。地域包括支援センターをはじめ介護のプロが一番知りたいのはそれなんです。そして、それは家族にしかわからない。だから相談される際は、たとえば、こんなふうに言ってみてはどうですか。

「父はこういう仕事をやってきて、いつも強がってばかりだけど、本当は弱い面もあって、ストレスを抱えがち。渓流釣《けいりゅうづ》りや山の写真が趣味なのは、それを癒《いや》すためだと家族は思ってる。そんな父が最近物忘れがひどくなってきた。どうするのが父にとって一番いいのか、一緒に考えてくれませんか」――。

こうした相談であれば、私たちは、お父さんがどうすれば穏やかで幸せな日々を過ごせるのか、一緒に考えていきましょう、と俄然モチベーションが上がります。

柴田　**親がどういう人なのか、情報を提供して、それをもとにどうするのが一番いいのか、一緒に考えてほしい、という姿勢が大事**なんですね。

川内　いきなり「親父をデイサービスに通わせたい。その調整をして」と言われたら、モチベーションはだだ下がりです。だってそのお父さんにとってそれが幸せかどうかは、ご本人に会ってみないと私たちにはわからないわけですから。そうなると、まずはこの息子さんの意識を変えなきゃいけないかもな、となってしまいます。

柴田　なるほど。

川内　あと、もう一つご理解いただきたいのは、**よそのお宅の介護はあまり参考にならないし、してはいけない、ということ**です。

よくいらっしゃるんです。「こういう場合、ほかの人はどうしているんですか？」と質問される方が。でも、一口に介護と言っても、お体の状態や家族関係など、みなさんそれぞれ違うわけです。ましてや人の幸せなんてそれこそ千差万別です。

柴田　**他人の介護がうまくいっているからといって、同じようにしても自分の親が幸せになるとは限らない**ということですね。

川内　だからこそ「どうするのがいいか、答えを一緒に考えましょう」となるわけです。

不満や揉め事も、ケアマネジャーや地域包括支援センターに相談

柴田　親が介護のスタッフや施設に不満を持つことがあると思うんですが、そんなときはどうすればいいんでしょうか。

川内　**その場合は、不満の内容をすぐにケアマネジャーさんや地域包括支援センターに伝え、情報を共有すること**です。そうすれば、彼らが施設やスタッフと話して、不満の解消に動いてくれます。現場のスタッフも、親との信頼関係を築くために、小さな気遣いなどをこつこつと重ねて、不満の解消に努めてくれるはずです。**施設やスタッフにとって利用者の不満は、実はその人が何を大事にしているかを知るいい機会**なんです。よりよいサービスを提供し、距離を縮め、信頼を得るきっかけになる。だから、前向きに受け止めてくれます。

柴田　ただ、家族と施設やスタッフの間に信頼関係がないと、そうした穏当な方法でなく、家族が親と一緒に、施設やスタッフに手荒に不満をぶつけることになりませんか？

川内　施設やスタッフと信頼関係が築けていない場合は、親が不満を口にした時点で家族

は「あそこはやめとけばよかった」などと自分たちの選択を後悔している可能性が高いです。だから余計に親の肩を持たれます。施設やスタッフの言い分が聞けなくなってしまうんです。こうなると問題の解決は容易ではありません。

柴田　逆に、施設やスタッフと家族との間で信頼関係が築けている場合は？

川内　その場合は、「スタッフや施設はあんなによくしてくれているのに」と親をわがまま扱いして責めたり、「せっかくいい施設やサービスを選んだのに文句ばかり言って」と親への不満を募らせたり、ということもあります。

柴田　なるほど。

川内　いずれにしろ、親が施設やスタッフへの不満を口にした場合は、自分たちで解決しようとせずにケアマネジャーさんや地域包括支援センターに相談することです。彼らはそうした問題解決のためのノウハウをいろいろ持っていますので。

柴田　ワンクッション入ることで、冷静になれることもあるんですかね？

川内　そう思います。関連した話で言えば、**介護にまつわる兄弟間の揉《も》め事などにもケアマネジャーさんや地域包括支援センターは相談に乗ってくれます**よ。

柴田　そうなんですね。たとえば、遠距離介護の場合って、兄が東京で、妹が実家のある地元で嫁いで、お母さんの面倒を見ている——そんなケースがあると思うんです。

その場合、「うちの兄は東京にいるのをいいことにまったく帰ってきません。私はこんなに母のために頑張っているのに。せめてお金だけでも兄には出してほしいです」といった不満が出てくるんじゃないかと思うんですが……？

川内　よくそういうご相談を受けます。**いまの例であれば、私はお兄さんに「頻繁に帰らなくていいし、一切お金も出す必要はありません」と申し上げます。**

柴田　えっ、そうなんですか？

川内　なぜなら、明らかに妹さんが頑張りすぎているからです。ただ、いまのままだと妹さんが倒れてしまうかもしれません。介護疲れで仕事を辞めたり、子育てもうまくいかなくなったりするかもしれない。

だから、こういうケースでは、お兄さんが「実は妹が親の介護でこういう状況になっています」とケアマネジャーさんや地域包括支援センターに状況を知らせて相談するのがいいです。というのも、兄には不満をぶつけるけれど、ケアマネジャーさんなどには自分が大変なのを伝えていないことが多いからです。

柴田　そもそもケアマネさんとかが妹さんの状況をわかっていないわけですね。

川内　そうなんです。だから情報を伝えて共有できるようにする。そうすれば、妹さんが親の介護のために頑張りすぎないように動いてくれるはずです。

たとえば、私ならこんなふうにお話しします。

「そんなに頑張りすぎちゃうと、お母さんもどんどんあなたを頼ってしまって、本当はできることもできなくなっちゃう可能性があるんですよ。それにお兄さんに怒りが向くということは、相当ストレスが溜まっている証拠。だからそんなに頑張らないで、お母さんのためにいまやってることを少し減らしてみませんか？」と。

妹さんの負担が軽くなれば、お兄さんへの不満も自然と減っていくはずです。

柴田　でも、妹さんの不満を聞かされたら、そうか、わかったと、頑張って帰省したり、お金を出したりするお兄さんもいるんじゃないですか？

川内　みなさん、よくそう考えるんですが、実はそれが一番やってはいけないことです。

柴田　えっ、どうしてですか？

川内　**お兄さんが妹さんとバランスをとるために、妹さん同様に親の介護に関わってしまうと、親は子どもにさらに依存するようになりますから、外部の支援は受けにくくなるし、できることもますますやらなくなって、どんどん弱ってしまう**んです。

柴田　なるほど。ということは、近くにいるからといって親の介護を頑張る必要はないし、かといって遠くにいるからと無関心でいいわけではなく、やれることはやらないといけないということですね。自分が遠くに住んでるなら、親の近くにいる兄弟姉妹の様子を気にかけ、何かあれば、すぐにケアマネさんなどに相談する、と。

川内　そうです。しかもそれは、そんなに時間や労力のかかることではないですよね。介護というと食事や入浴、トイレの介助など身体的なサポートのイメージが強いかもしれませんが、**家族にとっての介護は、実は情報戦の部分が重要**なんです。

たとえば、妹さんがものすごく頑張っていると、気を遣いすぎて一切手を出せないお兄さんもいるわけですよ。下手に「ヘルパーさんを利用したらいいんじゃない?」などと言おうものなら、「お兄ちゃん、わかってない!」となったりしますから。

なので、**妹さんが頑張りすぎてしんどくなっているなら、お兄さんはとにかくその不満を聞く。そしてケアマネさんや地域包括支援センターへ電話して相談する。**それは離れているからこそできる妹さんへのサポートであり、親への支援なんです。

在宅介護を選んだ人が自宅のお風呂で亡くなったら不幸?

柴田　親の介護というと、在宅でできるうちはそうして、難しくなったら老人ホームへの入居を考えるケースが多いと思うんですが、切り替えのタイミングはどう考えればいいんでしょうか?

川内　一般論で言えば、親の要介護度が重くなり、家族の負担が増して、もう支えきれないときになるんですが、**実はそのタイミングを想定するよりはるかに重要なのは、繰り返しますが、親にとって何が一番幸せなのかを子どもが理解すること**です。**兄弟姉妹がいる場合は、そのイメージを共有しておく必要があります。**

柴田　と言いますと?

川内　たとえば、「自分は寝たきりになっても、自分で建てたこの家から見えるあの山並みを見て暮らしたい」というのがお父さんの願いだとすれば、そもそも施設介護に切り替えることがお父さんのためなのか、という話にもなるわけです。

柴田　だったら、家族の負担が重くならないような在宅介護のあり方を介護のプロと一緒に考えましょう、となるかもしれない、ということですよね?

川内　そうです。でも兄弟姉妹の間で親にとっての幸せのイメージが共有されていないと、「いくら親父がそうしたいと言ったって、家族も大変だし、やっぱり24時間体制の老人ホームに入るのが親父のためだよ」という意見も出て、たいてい揉めます。なので、あらかじめ兄弟姉妹で意思統一が必要です。大事なのは、施設に入るのが親のため、というのは子どもの思いであって、親の願いは別かもしれないと気づくことです。極端なことを言わせてもらえば、大好きな自宅で死にたいと在宅介護を

柴田　選んだ人が、家のお風呂で亡くなったら、それは不幸なことですか？

川内　あー、それはまさに私の母が望んでいることだ！

柴田　私は、それが親の望みなら、決して不幸なことではないと思います。

川内　わかります。でもやっぱり悩むんですよ、最後まで在宅で看取るというのは。

柴田　それもまた家族であれば当然のことです。だから先程も申し上げたように悩んで悩んで結論を出せばいいと思います。大事なのはそのプロセスであり、それを誰かに共有してもらうこと。そうすれば、後悔はかなり軽くなります。

親には「この先10年、何を大事にしたい？」と聞く

柴田　親に介護が必要になったとき、どうするのが一番いいのか、手っ取り早く知ろうとして、「お父さん、どうしてほしい？」と直接聞く人もいると思うんです。

川内　いらっしゃいますね。「お父さん、介護になったらどうするの？」とか「認知症になったら老人ホームに入れていい？」とか。あと、介護費用が心配で「お金はいくら用意できてる？」なんて聞く方もいます。

柴田　**でも、この手の質問をしたら、親はたいていシャッターを下ろします。**そんなこと

は考えたくないんです。自分はまだまだ元気だと思ってますから。それで親は言うわけです。「お前には心配かけないから、つまらないことは聞くな」と。

柴田　元気だと介護のことなんて真剣に考えないですものね。

川内　寝たきりで人工呼吸器をつけていらっしゃる方であっても、本来、ただ生きるためだけに介護を受けたい人はいない、と私は思うんです。どんなに重篤《じゅうとく》な人であっても、何かしら生きる意味や目的を持って生きたいと思ってる。それはたとえば、ある人にとっては大好きな飼い猫がそばにいることであり、またある人にとっては窓から見える外の景色を愛《め》で、俳句に詠《よ》むことだったりするわけです。

介護は、本来、そうしたご本人の生き方を実現し、支えるためのものであるべきで、その視点を欠いたまま「どんな介護を受けたいか」と聞いても意味がないんです。

柴田　本当にそうですね。では、どうやって親の意向を知ればいいんでしょうか？

川内　こんなふうに聞けばいいと思います。

「私はこれから10年、こんなことを大事にして生きていこうと思ってるんだけど、お父さん、お母さんはどう？　この先10年、何を大事にしたい？」――。

ただし、すぐには「これ」という答えは返ってこないはずです。10年後のことなんて考えてない方が多いですし、たいていはこの生活がずっと続くと思っています。

でも、「この先、何を大事にしたい？」と聞かれたら、やっぱり考えるわけです。「自分は何を大事にしたいんだろう？」と。だから、一度質問したら、しばらく放っておいて、次に会ったときにでもまた聞いてみればいいんです。

そうすれば、たとえば、「この前、お前が言ってた話、ちょっと考えたんだけど、実は前から陶芸がやってみたかったんだよ」とか言い出すかもしれません。

それで子どもは、「えーっ、初めて知ったよ！」となったりする（笑）。

それがきっかけでお父さんは、陶芸教室に通い、やがて自宅でろくろを回すようになるかもしれない。小さな電《でん》気《き》窯《がま》まで買って。

柴田 そうやって**親が大切にしていることがわかれば、いざ介護が必要になったとき、それを叶えてやるのが、親にとって本当に幸せな介護になる**わけですね。

川内 おっしゃる通りです。いまの陶芸の話であれば、要介護になったとき、「親父はあれだけ陶芸が好きなんだから、できるだけ自宅で焼き物ができるような介護の環境を整えてやろうよ」という判断も出てくるわけです。

いつどのタイミングでどんな施設に入れるのがいいかを考えるより、親の大切にしていることを知り、それを介護の中でいかに実現するかを考えるほうがずっと大事なことだと私は思います。そもそも**要介護になっても、好きなこと、やりたいこと**

をやれる環境を用意するのは、本人の生活意欲を引き出す効果が大きいんです。たとえば、ある方は競馬が大好きで競馬場に行くのが何よりの楽しみでした。でも高齢になって足腰が弱り、転倒を繰り返すようになった。この段階で外部支援の要請が入りました。家族は「危ないから競馬場へは行かないで」と言うんですが、本人は行きたいわけです。そこでケアマネジャーさんは、競馬場に行くのは生活意欲を引き出すための大事な目標だと考え、外出支援のヘルパー（※原則的に介護保険対象外）による付き添いとリハビリに特化したデイサービスに通うプランを提案したんです。その結果、転ぶ回数が減り、競馬場へも通い続けることができました。

柴田　**親の希望を知り、それを叶えることは、介護生活の中での本人の生きがいになり、身体機能の改善などにもつながる**わけですね。

お金をかければ、親にとっていい介護ができるわけではない

柴田　介護というと、どうしてもお金のことが気になります。

川内　その点に関しては強くお伝えしたいことがあります。それは、予算と親にとってのいい介護は相関しない、つまり、**お金をかければいい介護ができるわけではない**し、

限られた予算であってもいい介護はできる、ということです。実際、これまで私は、お金がなくて介護ができずに困ってるという人に一度も会ったことがないです。

柴田　えーっ、そうなんですか!?

川内　老後2000万円問題などがあるので、私もよく「老後の介護も考えたらどの程度の蓄えが必要ですか」と聞かれます。もちろんお金はあるに越したことはありません。あれば介護の選択肢も増えますから、ないよりはあるほうが絶対にいいです。でも、ないならないなりに介護はできますから、そんなに心配する必要はないですよ、と申し上げるようにしています。

柴田　そうなんですね。

川内　介護とお金については、あとで別の専門家の方が詳しくお話しされると思うので、大事なポイントだけいくつかお話しさせていただくと、みなさん、**基本的にお金をかけすぎ**なんです。たとえば、何が親の幸せなのかという視点を欠いたまま、しばしば使える介護サービスを全部利用しようとします。

柴田　訪問リハビリも利用できるはずだから追加してほしい、とか？

川内　はい。でも親にとっては、自宅でのつらいリハビリより仲間に会えるデイサービスが嬉しかったりもする。介護はたくさんサービスを使えばいいものでもないんです。

柴田　あーそうか、そういうこともあるんですね。

川内　それから**もっとも大事なのは、介護費用が高くならないように最初から外部の支援を受ける**、ということです。

たとえば、家族だけでの介護が限界に達し、外部支援を仰いだところ、このままでは親子共倒れになるからいますぐ施設に入所したほうがいい、となったとします。しかし、費用が安い公的な特別養護老人ホーム（特養）などは人気が高く、なかなか空きがない。民間だってリーズナブルな施設は人気で、すぐに入所できない。いますぐとなると、費用の高い民間施設を選択せざるを得なくなります。

となれば、数百万円とか数千万円という多額の入居一時金に加えて、月額費用が何十万円もかかる可能性があります。

柴田　**最初から外部の支援を仰げば、子どもが介護に疲れて倒れることもないので、安い特養が空くのを待つ余裕ができる**、ということですね？

川内　そういうことです。

生命保険文化センターの介護費用に関するデータ（「2021（令和3）年度生命保険に関する全国実態調査」）によれば、**介護費用の平均は月額8万3000円**。介護をした場所別の平均月額は、**在宅介護が4万8000円**、**施設介護が12万2000円**です。

柴田　**介護期間の平均は5年1カ月。**ちなみに、この期間に先程の**8万3000円をかけるとトータル費用は約506万円**になります。これが介護費用の一つの目安です。
自力介護にこだわり、外部支援を仰がず、それが無理になっていざ外部支援を受けるとなったら使える介護サービスは全部使う――、そんな介護になってしまうと、到底、この額では収まらないと思います。

川内　となると、介護費用を安くするには、最初から外部の支援を仰ぎ、親が大事にしていることを叶えるために必要な介護サービスだけ利用する、ということですね。
たとえば、この家で死ぬまで絵を描いていたい、というのが親の望みなら、高額な民間の老人ホームに入る必要はないし、最期まで在宅介護でいいわけですから。

柴田　**介護は親のお金でやるのが大原則**ですが、**介護保険や医療保険、その他の公的サービスをうまく活用すれば、十分、親の収入で在宅での看取りも可能**です。

川内　私の場合も、母の介護は母の年金ですべて賄《まかな》っています。私は一銭も出していません。「お前の世話にはならない」と繰り返し聞かされてもいたので。

柴田　素晴らしいと思います。介護は金銭的に無理のないようにしないと、いずれ追い詰められ、親の長生きを喜べなくなってしまいます。

川内　たとえば、**頑張れば払えるからと高級老人ホームに入ったのはいいけれど、想定を**

柴田　**超えて親が長生きし、親の手持ち資金が枯渇《こかつ》。仕方なく子どもが月々の費用を負担して払い続けるケースが最近増えているんです。**高級老人ホームの月額費用は何十万円もすることがありますから、子どもは大変な重荷を背負うことになります。子どもの立場からすると、それは厳しいですね……。

施設入居で大事なこと

柴田　親の幸せを考えた結果、施設へ入ろうとなった際、何に注意すればいいですか？

川内　**一番大事なことは、子どもの好みで施設を選ばないこと**です。入るのは親ですから、親が気に入るような、親の価値観に合う施設を選ぶ必要があります。

柴田　それには子どもが親の好みや趣味、生き方などを知っていないといけませんね。

川内　はい。でも親は子どもに自分の本当の姿を見せているわけではないので、介護スタッフと密に連絡を取り、自分の知らない親の姿を教えてもらうことも必要かもしれません。介護の現場では、意外と子どもに見せない素顔を見せたりするものです。

柴田　そういう意味でも、介護スタッフとのコミュニケーションは大事ですね。

川内　そう思います。あと**施設選びのポイント5点**を指摘したいと思います。

①**「すぐ入居可」「残り1室」と言ってくる施設はNG**：入居を急《せ》かすような施設は要注意。

②**見学は昼食の時間に行く**：忙しいのでスタッフのスキルが露《あら》わになる。

③**職員の離職率を調べる**：離職率の平均は約14％。30％超は要注意。離職率は厚生労働省の「介護サービス情報公表システム」（https://www.kaigokensaku.mhlw.go.jp/）で確認できる。システムを利用する際の手順は（https://www.tonarino-kaigo.org/wp/wp-content/uploads/2023/09/howtofindout.pdf）を参照。

④**月額料金は総額を聞く**：ホテルコスト（家賃、光熱費、食事代など）のほかに介護保険の自己負担分、おむつ等の備品代などの総額を必ず確認する。

⑤**看取りケアをやっているか確認する**：収益確保優先の施設は看取り介護（施設で最期を迎えるための介護）をやりたがらない。

柴田　施設の従業員の離職率とかってわかるんですね。

川内　そうなんです。**施設選びの重要な指標なので、ぜひ確認するといい**と思います。

柴田　施設入居でもう一つ。どう考えても施設に入ったほうが親にとっていいのに、なかなか親が受け入れないケースもあると思うんですが、そのときはどうすれば？

川内　**施設入居を親の「いい記憶」と紐《ひも》付けること**です。たとえば、生まれた町にある、通った学校のそばにある、結婚する前によくデートした公園が見える、等々です。後付けでそうした理由を探すのではなく、最初からそうした「いい記憶」のある場所で施設を探すほうがいいかもしれません。もちろん可能であれば、ですが。

柴田　立地の面からポジティブな印象を持ってもらう作戦ですね。

川内　そうです。だから、たとえば「あの施設は、お母さんが昔お父さんとよくデートしたと言ってた、あの公園のすぐそばにあるんだよ。楽しい思い出がいろいろ甦ってくるんじゃない？」、そんなふうに親の心を解きほぐすわけです。

介護は親から子どもへのメッセージ

川内　親の介護は理不尽の連続で、親が認知症になると、子どもでも泥棒扱いされるような世界です。そうすると嫌でも、人間って何だろう、生きるって何なんだろうと考えます。

柴田　それってすごくよくわかります。入院したまま、なかなか実家に戻れない母を見ると、思うんです。残された時間をどうすることが母に一番いいことなんだろうと。それは**もちろん母の生き方や命や幸せを考えることなんですけど、同時に自分の生き方や命や幸せを考えることにもつながっていて、そう考えると、母は人生最後の時間を通じて、私に大事なことを教えてくれているんだなと思う**わけです。

川内　本当にその通りだと思います。私たちは普段そんなことは考えずに日々生きていますが、柴田さんがいまお母様と向き合われているように、要介護の度合いが進むと、どうしたって子どもは死というものをイメージするし、背中合わせの生についても深く考えるようになる。死を考えるのは、いかに生きるかを考えることです。

柴田　自分にとって何が大切で幸せなのか。

川内　そう。自分の人生と深く向き合うようになるんです。

柴田　親は介護を通じてそれを教えてくれるんですよね。

川内　その意味では介護というのは、親から子どもへの人生最後の教えであり、メッセージなのかもしれませんね。

遠距離介護の専門家に学んだ

重要ポイントの復習！

□ 介護≠実家に戻る・呼び寄せる

介護というと、親に付きっきりをイメージしがちなもの。ただ、離れて暮らす親子がいきなり同居すると、かえって親子関係の破綻につながることも。「親孝行の罠」に要注意！

□ 親の変化は、あらかじめ覚悟しておく

介護で親の衰えに直面すると、ショックを受けたり、ストレスが溜まって虐待につながったりすることも。親の変化を認め、「新たな一面が知れた」という形で受け止めるのが吉。

□ 親を管理・監視しすぎない

介護が始まると親がどうしているか心配になるもの。でも親への管理を強めることが親の過ごしやすさを阻害することも。見守りカメラ等は使わず、物理的な距離があるぐらいでOK。

□ 介護は頑張りすぎないこと！

介護に過剰にのめり込むと、親が亡くなった際、ロスが強まっ

たり、仕事も何も自分に残っていない状況にショックを受けたりすることも。「あえて頑張りすぎない」が介護には大切。

□ 最初からプロに相談を!

自分だけで親の介護を抱えると親子共倒れの危険が。相談＝サービス利用ではないので、心配な親の様子が見えたら最初から地域包括支援センターに相談し、アドバイスを仰ぐのが◎。

□ 親にとって何が一番幸せかを考える

介護をする際、親から子への依存は解消が望ましいですが、子の安心のために親を施設に入れるのも×。親との対話で、介護生活の中での生きがいとなるものを見つけることが重要。

□「敵対」ではなく、「相談と情報共有」

介護に完璧はないので、介護スタッフと敵対するのではなく、不満も含めて相談を。情報共有をしながら一緒に最善策を練ることで、介護スタッフから親身な協力も得られる。

□ いざ施設入居を考える際の五つのポイント

①入居を急かす施設は×／②見学は昼食の時間に行く／③職員の離職率を調べる／④月額料金は総額を確認／⑤看取りケアの有無を確認――経済効率重視でなく丁寧な施設を選ぶこと。

第3章

教えて専門家の人!

在宅介護・医療が必要になった場合、やるべきことは何ですか?

佐々木淳

ささき・じゅん

1998年筑波大学医学専門学群卒業。社会福祉法人三井記念病院内科/消化器内科、東京大学医学部附属病院消化器内科等を経て、2006年に最初の在宅療養支援診療所を開設。08年医療法人社団悠翔会に法人化、理事長就任。21年より内閣府・規制改革推進会議・専門委員。現在、首都圏ならびに愛知県(知多半島)、鹿児島県(与論町)、沖縄県(南風原町・石垣島)に全24拠点を展開。約8000名の在宅患者さんへ24時間対応の在宅総合診療を行なっている。著書に『これからの医療と介護のカタチ 超高齢社会を明るい未来にする10の提言』(日本医療企画)、『在宅医療 多職種連携ハンドブック』(法研)、『在宅医療カレッジ 地域共生社会を支える多職種の学び21講』(医学書院)、『在宅医療のエキスパートが教える 年をとったら食べなさい』(飛鳥新社)、『現場で役立つ よくわかる訪問看護』(池田書店)など。

[医療法人社団悠翔会ホームページ]
http://www.yushoukai.jp/

1 ケアプランはどう考えるのがいい？

親の介護が始まる二つのパターン

柴田　まずは基本的なことから教えていただきたいんですが、親の在宅介護や在宅医療というのは、一般的にはどうやって始まることが多いんでしょうか？

佐々木　パターンとしては二つあります。

一つは、老化に伴って身体機能や認知機能が徐々に衰えていくケースで、だんだん足腰が弱ったり、同じ話を繰り返すようになったりします。通常、変化は緩やかです。ご家族は「そろそろ親が一人だと危ないかな」となったら外部の支援を仰ぐことになります。

それから**もう一つは、元気だった方が突然の病気や事故が原因で、医療や介護が**

必要になるケースです。入院する前はピンピンしていたのに、退院するときはかなり弱っていて一人暮らしは厳しい、といったときがそれに当たります。

柴　田　老化のプロセスの中で始まるか、突然の病気や事故が原因で始まるか。一般的にはそのどちらか、ということですね。

佐々木　そうです。病気や事故で入退院する場合は、原因も、経過も、現状も、医師から説明がありますから、通常、ご家族は事態を理解されています。ですから退院前にお父さん、お母さんの状態を踏まえて、この先は在宅介護にするのか、それは難しいから施設に入ってもらうか、家族で話し合いが持たれると思うんです。

入院を機にケアが始まるケースでは、一般的にはそれがご家族の対応のスタートになると思います。その意味ではスタートラインは比較的明瞭《めいりょう》です。

ところが、**老化に伴って徐々に弱っていくケースは、そのプロセスが緩やかなので、ご家族が親の異変に気づきにくい。**離れて暮らす場合はなおさらです。

年に1、2回帰省した際に、「きれい好きなお母さんの部屋が汚れてる」とか「冷蔵庫に期限切れの食品がたくさんある」とか、何かしら「あれ？」と思うことに気づけばいいんですけど、なかなかそれも難しい。いよいよご家族が気づいたときには、事態がだいぶ進行してる場合が少なくないです。

柴　田　少しくらい部屋が汚れていても、賞味期限が切れていても、もとから気にしない人もいますしね。「あれ?」と思っても、「そう言えば、風邪ひいたと言ってたからそのせいかも?」と思ったりして、あえて親に何か言う人は少なそうです。

佐々木　それに、**たとえ指摘されても、本人も困ってるとは言いません**よね。「賞味期限なんか少しくらい大丈夫」「最近忙しかったから掃除の暇《ひま》がなかった」など、**たいてい上手に取り繕《つくろ》います。**だから「あー、そうなんだ」と思ってしまう。
でも、実際は徐々に体の機能が低下し、生活力が落ちている場合が多いんです。
お隣さんなどが、「最近、○○さんのお母さんの姿をあまり見ない」とか「ちょっと様子がおかしい」というので、自治体の福祉担当の窓口や地域包括支援センターなどへ相談を寄せることがあるんですが、**通常、近隣の方が異変に気づくのは、やはりかなり問題が顕在化してから**です。

柴　田　ご近所さんでも、なかなかすぐには気づかないものなんですね。

佐々木　そうなんです。

柴　田　それでも田舎は都会に比べてご近所付き合いが深いですから、様子がおかしければ、いつかは誰かが気づくと思うので、その点はまだいいかもしれませんね。

佐々木　ご近所付き合いがないと、誰にも異変を気づかれることなく、人知れず亡くなったり、ご遺体が腐敗したりする恐れがありますからね。実際、**東京23区では65歳以上の高齢者が年間4200人以上も孤独死**しています。

柴田　やっぱり家族やご近所さんとのつながりは大事ですね。

佐々木　実際、ご家族などが心配になって家を訪ねたら、衰弱していて病院に救急搬送され、それがきっかけで医療や介護の支援が始まることはよくあります。病院へ担ぎ込まれる原因は、しばしばただの脱水症状だったりするんですが、暮らしぶりを調べてみると、ろくに食事も摂《と》ってなくて、これは外部の支援が必要だとなるわけです。

柴田　そういう方は、自分から誰かに助けを

▶ 都内の孤独死者数

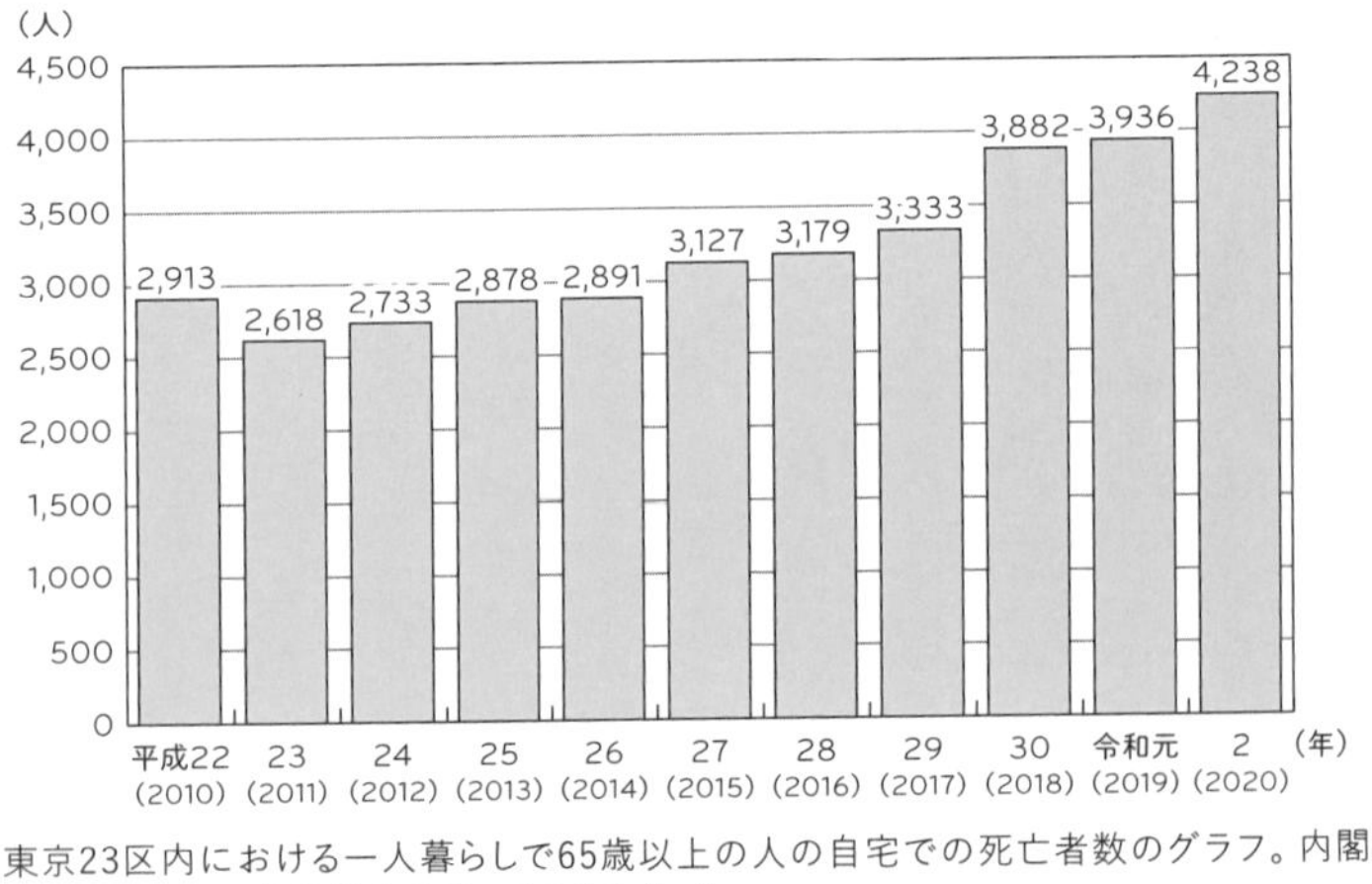

東京23区内における一人暮らしで65歳以上の人の自宅での死亡者数のグラフ。内閣府「令和4年版高齢社会白書」をもとに作成

求めたりはしないんでしょうね。

佐々木　まずないですね。**ですから高齢者の一人暮らしで介護が始まるタイミングというのは、具合が悪くなって救急搬送されるか、かなり症状が進んだ時点でご家族やご近所さんなどが異変に気づくか、いずれかのケースが多い**んです。

小さな違和感は、大きな異変のサイン

柴　田　かかりつけのお医者さんがいれば、割と早く気づいてもらえますか?

佐々木　そうなんですけど、**かかりつけのお医者さんに診てもらってる方は、外来に行くと案外シャキッとしてる**んですよ。**認知症の方も「薬はちゃんと飲んでます。困ってません。大丈夫です」とはっきりおっしゃいます。**でも、家には飲んでいない薬が山盛りだったりする(苦笑)。「大丈夫」と言われると、「本当ですか?」とはなかなか聞けませんし。

柴　田　となると、老化で身体機能や認知機能が徐々に衰えていくケースでは、異変に気づきにくいので、介護を始めるタイミングが遅れがちということですか?

佐々木　そうですね。最適なタイミングでケアを始めるのはどうしても難しくて、ある程

度、認知症が進んだり、転んで骨折するなど何かしら事故が起きてから、というケースが多いのが実情です。

柴　田　では、症状が進んで家族やご近所さんが「あれ？」と異変に気づくのを待つしかないんでしょうか。親と離れて暮らしている人が、少しでも早く異変を察知して、早めに外部の支援を受けるにはどうしたらいいんでしょう？

佐々木　**小さな違和感をスルーしないこと**です。先程も出ましたが、きれい好きなお母さんが掃除していないとか、汚れた服を平気で着てるとか、帰省するといつも自慢の手料理を作ってくれたのに「お寿司でもとろう」と言い出すとか、**何かしら「あれ？」と違和感を覚えたら、「忙しくて疲れてるんだろう」などと考えてやり過ごすのではなく、「なんか変だ」と異変の兆候《ちょうこう》を疑ってみること**です。

柴　田　小さな違和感は大きな異変のサインかもしれない、ということですね。

佐々木　そうです。ただし、ご家族が異変を疑い、「困ってることない？」と聞いても、たぶんご本人は「困っている」とは言いません。

柴　田　じゃあ、どうすれば？

佐々木　**やはり、親の居住地を管轄する地域包括支援センターに相談すること**です。

柴　田　「あれ？」と違和感を覚えた程度でも、相談していいんですね？

佐々木　もちろんです。「いまは何ともないけれど、一人暮らしだし、以前とは様子が違ってきているようなので」と見守り体制のことなど相談するといいと思います。

柴　田　見守り体制というのは？

佐々木　**どこの自治体でも、たいてい地域包括支援センターと連携して高齢者のみの世帯に対する地域での見守りや支え合いのネットワークづくりに取り組んでいます。**具体的には、ご近所の高齢者に日頃から声かけをして、気になることや相談事があれば地域包括支援センターへ連絡する、あるいは仕事で関わりのある高齢者の異変に気づいたときは、やはり地域包括支援センターへ連絡するなどです。ただしご本人にしたら、見守られるのってあまり心地よくはないですからね。

柴　田　一歩間違うと監視になっちゃう。

佐々木　ですから、自然な関わりの中で、その人がどんなふうに暮らしているのか、ちょっと気にかけるというか、地域の中で目配りしてもらう。

各自治体は要介護にならないためのリソースや枠組みをいろいろ持っています。誰とも関わらない一人暮らしだと認知症リスクも高くなるし、要介護の進行も早い。死亡リスクも高くなりますから、**自治体によっては、閉じこもりがちな高齢者の交流をはかるために、地域で体操教室や茶話会等を定期的に開催したり、逆**

に元気な方にはケアを受けるのではなく、ケアをする側に回っていただいて、ボランティア活動に参加する機会を設けたりしているところもあります。

柴　田　なるほど。相談することで、そうした情報を教えてもらえるわけですね。

佐々木　そうです。地域包括支援センターは「この人に最適な公的サービスは何か」を相談者と一緒になって考えてくれます。それで「この人は家でのケアより、家の外でボランティア活動をやったほうが介護予防にもなるし、見守りにもなる」となれば、そうした活動を紹介してくれます。**介護予防事業**と言います。

柴　田　いいですね。でも、「じゃあ、参加してみようかしら」と思う方だったらいいですけど、引っ込み思案な方だと、「私、そういうのはいいです」となりそうです。それこそ引きこもりの方だと外に連れ出すのは大変だろうし。

佐々木　その場合は「じゃあ、見守りましょう」となります。

柴　田　田舎と違って、都会で高齢者の一人暮らしはいろいろ大変ですね。

佐々木　都会は「お隣さんは誰？」状態なので（苦笑）。もともと都会は、田舎の人間関係が煩《わずら》わしくて出てくる人もいますから余計にそうかもしれません。でも、年を取っても近所付き合いがないと孤独死のリスクも出てきますから、ご家族は小さな違和感でも、早めに地域包括支援センターへ相談するのが大事ですね。

ケアプランは、状況に応じてリセットされる

柴　田　私の母は、父が亡くなってから一人暮らしをしていたんですが、一周忌の少し前に突然病で倒れて入院しまして。幸い回復し、退院後に介護老人保健施設(老健)に移ってリハビリをし、それから自宅に戻って在宅介護になったんです。突然の病気や事故が原因で介護が始まる場合、だいたいこんな流れになるんでしょうか?

佐々木　そうですね。**急性期の病院**(急性疾患または重症患者の治療を24時間体制で行なう病院)**へ入院した場合はダメージが大きいので、退院時にはガクッと体が弱っているん**です。特に高齢者の場合は病気のストレスもあり、ベッドにいる時間も長く、栄養もちゃんと摂れていないので、退院直後はひどく弱っています。**それでも短期集中でケアすると、かなり元気になる方が多い**ので、お母様の場合もたぶんリハビリしたら回復できるという見込みがあって老健に移られたのだと思います。身体の麻痺《まひ》などの程度によっては老健の前にリハビリ専門病院へ転院するケースもよくあります。

柴　田　母は、入院する前は要支援1だったのが、入院したら要介護4になって、老健から自宅に戻る頃には要介護1に回復してました。

佐々木　その流れですと、急性期の病院を退院する前後にケアマネジャーさんが入って最初のケアプランを作成し、老健での順調な回復を受けて、自宅へ戻ってもお母様が一人で生活できるように次のケアプランを作成したという感じでしょうかね。

柴　田　まさにそうです。

佐々木　**ケアプランは状況の変化に応じて見直しが必要**です。たとえば、元気に療養されてた方が急に体調が悪化して入院した場合、そこでケアプランはリセットされます。入院しないで在宅のままケアする場合も、プランの変更が必要になります。

柴　田　確かに、母の状態が変わるたびに、ケアマネさんから「こうしましょう」とプラン変更の提案がありました。

佐々木　状況に応じて、変えていかないといけないんです。

柴　田　実は母のケアマネさんは、父も担当してくださった方なんです。

佐々木　お父様も？

柴　田　父は前立腺の病気で入院してから介護が必要になり、2年ほどケアマネさんのお世話になりました。そのときのケアマネさんが母も担当してくださったんです。

佐々木　あー、お父様を担当された方がそのまま。

柴　田　ええ、田舎の小さい町なので（笑）。

佐々木　それでは、お母様のことも、柴田さんのことも、よくご存じで。

柴　田　そうです。母は父が亡くなる前から、「自分が一人になり、介護が必要になっても、ずっと自分の家で暮らしたい」と強く願っていたんですけど、ケアマネさんはそのこともよく知ってくださっていました。

佐々木　それならケアプランも作成しやすいし、状況の変化に応じたプランの変更などもお互いやりやすいですよね。

柴　田　安心してお任せすることができました。

ケアプランの作成で家族が大事にすべき二つのこと

柴　田　ケアプランを作るときに、家族が大事にすべきことってありますか？

佐々木　二つあります。**一つは、お父さん、お母さんにとって、どういう暮らしを用意するのが一番いいのか、それをケアマネジャーさんに伝えること**です。

柴　田　母は長く小学校の教師をやり、退職後は子どもたちにお茶などを教えるのを生きがいにしていました。ですからケアマネさんには、実家で一人暮らしをしながら、それが実現できるようなプランをお願いしました。

佐々木　ケアプランの作成で必要なのは、まさにそういう情報です。**介護の目的は、お父さん、お母さんにいまの状況で一番いい生活を送ってもらうこと**です。

ですから、**ご家族は「お父さん、お母さんはこういう暮らしがしたい人なんです」ということをケアマネジャーさんに伝えるのが何より大事**になります。

柴　田　それには自分の親が、介護が必要な状況でどんな生活を望むのか、あらかじめ理解してないといけませんね。

佐々木　おっしゃる通りです。お父さん、お母さんが何を大事にして生活されているのか、あるいは医療との関わり方だとか、死生観だとか、そうしたことにどんな考え方を持っているのか、日頃から気にかけているといいかもしれません。

柴　田　たとえば、ニュースやドラマなどを見ているときに、意外と人は本音を漏らしたりしますよね。「私はあんなふうにしてまで生きたくない」とか（笑）。

佐々木　そうですね。そうしたちょっとしたことが、親の考え方や親にとっての幸せを理解するヒントになります。

たとえば、読書が何より好きなお父さんなら、本を読むことが幸せなわけです。

体が弱っているからと週何回もデイサービスのリハビリに通ったら、たぶんつらいだけ。介護サービスにはいろいろありますが、それらはお父さん、お母さんが望む暮らしを支えるための、あくまで手段だということを忘れてはいけません。それに、介護保険からの給付には限度があって、それを超えると全額自己負担になります。だから、**介護費用を考えた場合、どのサービスを利用するのか、優先順位をつけることも大事**になります。

柴　田　そのためにも、親が何を望むのか理解しておく必要がある、と。

佐々木　そうです。それから**二つ目は、ご家族も一緒にケアプランを考え、こうしましょうと決まったら、そこから先の実際の介護はプロに任せ、ご家族はサポートにまわること**です。実際のケアは専門家でないとわからないことが多いですから。

柴　田　つい、あれこれ口を出してしまいがちになりますよね（苦笑）。

佐々木　スタンスとしては、「介護サービスを買っている」と思わないほうがいいんじゃないかと思います。

柴　田　その姿勢だと、どうしても「お金を出してるのはこっちだ」となって、いろいろ仕切りたくなってしまいますよね。

佐々木　そうなんです。そもそも在宅の医療や介護の目的は自立支援です。自立支援というと「できることは自分でやれるようにする」と解釈されることが多いんですが、本当は「**その人がその人らしさを発揮できる環境を一緒につくっていくこと。その人が望む生活が継続できるようにサポートをしていくこと**」なんです。それには全面的な支援が必要な方もいますけど、少しお手伝いすればできる方もいます。そういう方に、**お金を払っているんだから、とご家族が「あれもやって、これもやって」とヘルパーさんに要求するのは、やっぱり違う**わけですよ。

介護は、お父さん、お母さんが望む暮らしを実現するためのプロジェクトです。メンバーは、親御さん、ご家族、それに医療、介護の専門職で、みんながフラットにチームを組んでいる。そして実際の介護はプロの専門スタッフが担《にな》い、ご家族は自分たちだからこそできる領域でサポートする。介護をうまく進めるには、そうした役割分担が適切に行なわれる必要があります。

柴田　家族だからこそできる領域とは？

佐々木　**一つはお父さん、お母さんが、これまでどんなふうに暮らしてきたのか、いわゆる生活歴に関する情報提供**ですね。生活歴がわかれば、これまでこんなふうに暮らしてきたんだから、この先もこんなふうに暮らしたいのではないかと高い確率で想像できます。親御さんが望むような環境を整えやすいんです。

生活歴はご本人の口から語られることもありますが、全体像まで知るにはやはりご家族の協力が欠かせません。

柴　田　親がどういう人間で、どういう生き方をしてきたのか、どんな暮らしをしてきたのか、そうしたことを医療や介護のプロの方に知っていただく、と。

佐々木　その点、柴田さんのお母様の場合は、担当のケアマネジャーさんが、お父様も担当されていたということで、柴田家をよくご存じなわけですよね。ご両親の生活歴もわかっていた。だからサポートもスムーズにできたんだと思います。

柴　田　そこが田舎のいいところで、父がどんな会社にいたかも知ってるし、母は小学校の教員だったので「あー、柴田先生!」と知ってくださってる人も多いし。母に介護が必要になってからは、ご近所さんや教え子たちが「先生、先生」と言って訪ねてきて、いろいろ支えてくれました。本当にありがたくて。それこそ看護師さんが教え子だったりしますしね(笑)。

佐々木　それはとても幸せな環境ですね。

柴　田　本当にそう思います。

佐々木　都会だとそうはいかないので、やっぱりその人の生活歴をみんなで理解しながら、その人が自分らしく生活できるように支えていくしかないんですね。それに

はご家族にも同じプロジェクトチームのメンバーなんだという意識を持っていただく必要があります。

ヘルパーさんが何かミスをしたら、「そんなに仕事ができないんなら事業所を替えるぞ」とパワハラまがいのことをするようでは、信頼関係は築けませんし、チーム一丸となってのサポートは難しくなってしまいます。

ヘルパーさんだって人間ですから、時には失敗もするし、期待に応えられないことだってあります。それをお互い理解し、みんなで支え合うという意識が大事ではないかと思います。

ある程度のリスクならやらせてあげる、という選択もあり

柴　田　「お金を払ってるのはこっちだ」という意識ばかりが強くて、一緒に支えるという気持ちがないと、ミスが許せず、クレーマーみたいになっちゃうんですかね。

佐々木　そうかもしれません。ただ、ご家族が遠方にいらっしゃる場合は、離れているからなおのこと心配になって、「お父さんに何かあったらどうするの?」「どうしてお父さんはこんなことになってるの?」などと介護スタッフに批判の目が向きや

すかったりします。それはわからなくはないんです。

柴　田　そばにいてやれないことへの後ろめたさや、自責の念みたいなものもあるのかもしれませんね。だから余計に「なんでそんなことをお母さんにさせたの⁉　なぜ手を貸さなかったの⁉　プロなんだからしっかりしてよ！」となっちゃう。

佐々木　でも介護は自立支援ですから、なんでもかんでも手を貸せばいいわけではありません。その視点はとても大事で、ご家族も理解しておくべきだと思います。

柴　田　母の場合、洗濯はしてもらうけど、干すのは自分でやりたい人だったから、ケアマネさんと相談して、じゃあそうしましょうと。それで自分で干すようにしたんです。それをヘルパーさんはそばで見ててくださった。ありがたかったですね。住宅改修で基本的にバリアフリーにはなってるんですけど、洗濯物を干す場所へ行くまでには段差もあるし、縁側も通ったりするから危ないんですよ。だけどヘルパーさんは、母がしたいようにそれを見守ってくれた。たったそれだけのことでも、母には以前と変わらない暮らしができている実感があったと思います。

佐々木　**些細なことでも、そういう小さなこだわりがあって、それが自分でやれるというのは、とても大事**なことなんです。**生活意欲や能力の維持につながります**から。

柴　田　あとはヘルパーさんと一緒に買い物に行ってビールを買う（笑）。母はお酒が大好きなんです。年だから量は飲みません。一番小さいミニ缶です。それを嬉しそうに飲む。見ているこっちも幸せな気持ちになります。

佐々木　まさにそれこそが、その人らしい暮らしをみんなで考え、支えていくことです。

柴　田　それを家族が見て、「なんでビールなんか飲ますの!? 酔って転んだらどうするの！」とヘルパーさんを責めたらいけないんですよね。

佐々木　そうなんですよ。結局、ケアのゴールをどう設定するかなんですね。**事故を起こさないことはすごく大事なことですけど、一方でお父さん、お母さんの生活に対する納得感をどう考えるかということもとても大事**なわけです。

介護においてはすべての選択にリスクが伴います。リスクをゼロにはできません。ですが、この程度のリスクならこれがやれる、リスクテイクできる、ということもあるわけです。

柴田さんのお母様の話であれば、ビールを飲むことで少し酔って足元がふらつくかもしれないというのはリスクです。でもビールを飲むことで喜びが得られるなら、それはテイクできるリスクかもしれない、という判断も出てくるわけです。

柴　田　母にとって夕飯のときに飲むビールのミニ缶一本は、言ってみれば健康のバロメータみたいなもので、「今日も元気だ、ビールがうまい！」なんですよ（笑）。

佐々木　なるほど（笑）。

柴　田　だって、具合が悪ければビールを飲みたいなんて思いませんからね。

佐々木　そう思います。ですから、とれるリスクであれば、とってもいいと思うんです。もしご家族から、「リスクをとるなどけしからん！　ゼロにはできないというなら、ゼロに近づけろ！」と言われてしまったら、医療・介護のスタッフとしては、ベッドに寝かせたまま、安全に飲み込めるものだけを食べさせるしかなくなってしまいます。

柴　田　あぁ、そういうのはちょっと……。

佐々木　ですよね。だからお母様のように、**とれるリスクならとる、という選択肢があってもいい**と思うんです。そうやって**自分らしく楽しく暮らすことが、結局、より健康に長く生きることにつながることも多い**んです。

柴　田　あー、わかる気がします。まさに母だ（笑）。

佐々木　その意味では、お母様のようにご本人が積極的に自分らしい生活を選ぶ、という姿勢もすごく大事なことかなと思います。

2

増えている在宅介護・医療のカタチ

在宅でも24時間対応のケアが受けられる地域密着型サービス

柴田　親の介護というと、最初は在宅で訪問介護や看護を受けたり、デイサービスに通ったりして、要介護度が上がってきたら施設への入所を考える場合が多いかと思うんですが、親の状態がどの程度までなら在宅介護はできるものなんですか？

佐々木　**在宅での療養を継続したいのであれば、誰にでもできます。**持病があっても要介護5でも、たとえ余命2週間と思われる方でも、自宅で過ごせます。**ただし、病院ではないので24時間対応で誰かが駆けつけてはくれません。**その覚悟が必要です。**その代わり、自宅なら自分の意思で主体的に生活できます。**施設や病院はどうしても入れてもらう感じになるし、生活は管理されます。それが基本的な違いで、**それぞれメリット、デメリットがあります。ご本人やご家族が、それをどう考えるか、だと思います。**

柴　田　施設や病院なら24時間のケアはあるけれど、生活が管理されるので、自分のしたいようには生活できないということですね。

佐々木　そうです。ただし、**最近は24時間在宅での生活を支える地域密着型サービスがだんだん増えています。**在宅でも病院や施設に入所するのと近いような形で24時間のケアが受けられるようになってきました。

柴　田　そんなサービスがあるんですか？

佐々木　そうなんです。24時間対応の地域密着型サービスには大きく三つあります。

①定期巡回・随時対応型訪問介護看護
ヘルパーさんが毎朝安否確認に来て、朝昼晩の食事の用意や掃除、洗濯などをしてくれるほか、何か異常があれば、すぐにご家族に連絡がいきます。家に設置された緊急電話を使えば、24時間いつでもスタッフが家に駆けつけてくれます。

②小規模多機能型居宅介護

「デイサービスのような通いのサービス」「自宅にヘルパーさんが来てくれる訪問サービス」「家で一人でいるのが不安なときなどに施設に泊まれるサービス」という「通い」「訪問」「泊まり」の三つがセットになったものです。具体的には月水は通い、火木土はヘルパーさんに来てもらい、日曜は泊まり、というような使い方ができます。これにいつでも駆けつける24時間対応のケアがつきます。

③看護小規模多機能型居宅介護

②の小規模多機能型居宅介護に、訪問看護がついたもの。末期がんや難病で人工呼吸器をつけているなど医療依存度が高いとき、ヘルパーさん以外に看護師さんもついて対応します。施設に泊まるときも看護師さんが近くにいてくれます。

柴　田　へー、こんなサービスがあるんですね。知りませんでした。

佐々木　まだ認知度が低いんですよね。

柴　田　こういったサービスは、たとえば、夜中にトイレに行けずにお漏らししちゃって困った、みたいなときに「すみません!」と呼んでも来てくれるんですか?

佐々木　そうです。コールセンターを呼ぶと、たとえば30分ほどしてヘルパーさんが来てくれて、体をきれいにしておむつを替えてくれたりします。

柴田　それはいいですね。

佐々木　②の小規模多機能型居宅介護の場合だと、一つの事業者と契約すれば「通い」「訪問」「泊まり」の三つが利用できるので、手続き面でも手間がかかりません。

柴田　なるほど。③の看護小規模多機能型居宅介護も、これなら在宅でも施設や病院と近い形で24時間のケアが受けられそうですね。24時間対応の地域密着型サービスは、日本全国どこでも利用できるんですか？

佐々木　**いまあげた三つのサービスが全部そろっているところはまだ少ないかもしれませんが、よほどの過疎地でなければ、一つはやっている**と思います。利用できるかどうかはケアマネジャーさんや地域包括支援センターに聞けば教えてくれます。

柴田　まだ事業所が少ないんですね？

佐々木　そうなんです。厚生労働省のデータ（「令和2年介護サービス施設・事業所調査の概況」）によると、他の介護保険サービスと比べた場合の事業所数は、たとえば訪問介護は3万5075カ所、訪問看護ステーションは1万2393カ所ありますが、**①定期巡回・随時対応型訪問介護看護は1099カ所、②小規模多機能型居宅介護は5556カ所、③看護小規模多機能型居宅介護は711カ所**にとどまります。

それから地域密着型ということで、利用者が事業所と同じ地域に住んでいるのが条件なので、住所地に事業所がない場合は、残念ながら利用できません。

柴　田　となると、地元にない場合は自宅で24時間対応のケアを受けるのは難しいですね。

佐々木　ただ、そうでもありません。訪問看護は原則24時間対応がほとんどのステーションでできるようになっていますし、在宅医も基本的には24時間対応なので地域密着型サービスに近いケアは可能です。もちろん在宅医がいれば、ですが。

柴　田　訪問看護って、週に何時から何時と決められていませんか？

佐々木　**緊急対応加算というのがあって、「何かあったときには緊急対応しますよ」という契約をしておけば、夜に何か起こったときは駆けつけてくれます。**ですから、お体のケアが必要であれば、24時間の看護師さんを入れておければ、呼べばすぐ来てくれるし、医療的に必要なものがあれば、緊急で往診することも可能です。

柴　田　医療や介護のサービスを工夫すれば、できることはあるということですね。

地域密着型サービスの費用は安い！

柴　田　気になるのは費用なんですが、介護保険は使えるんですよね？

佐々木　もちろんです。**すべて介護保険の「包括支払い」なので、自費で足が出ることもなく、介護保険の支払いだけでサービスが受けられます。**

柴　田　介護保険の自己負担分だけで済むということですか！　それはいいですね。ところで包括支払いというのはなんですか？

佐々木　医療介護の報酬の多くは「出来高払い」といって、点滴いくら、レントゲン撮影いくら、と診療内容や回数で報酬額が積み増しされていくんですが、包括支払いでは病名や状態ごとにサービスの値段が決まっていて、点滴などの提供をどれだけ行なっても報酬が変わらないんです。**月々定額で利用できるのが特徴**です。

柴　田　なるほど、そういうことなんですね。ちなみに在宅でこれらのサービスを利用した場合、月々の費用はどれくらいになるものなんでしょう？

佐々木　たとえば、**要介護3で介護保険の自己負担が1割の方が、24時間対応のこれらのサービスを利用するとしたら、自己負担は2万円くらい**です。これとは別に、**医療保険が訪問診療で約6000円。お薬などがプラスされて計7000〜8000円。**ですから**介護と医療合わせて月3万円くらいで収まる**と思います。

柴　田　それで収まるんですか⁉　びっくりしました。

▶ ①定期巡回・随時対応型訪問介護看護にかかる費用の目安

サービス費用の設定	利用者負担（1割）（1カ月につき）	
	訪問看護サービスを受ける場合	訪問看護サービスを受けない場合
要介護1	8,267円	5,666円
要介護2	12,915円	10,114円
要介護3	19,714円	16,793円
要介護4	24,302円	21,242円
要介護5	29,441円	25,690円

▶ ②小規模多機能型居宅介護にかかる費用の目安

サービス費用の設定	利用者負担（1割）（1カ月につき）	
	同一建物に居住する者以外の者に対して行なう場合	同一建物に居住する者に対して行なう場合
要支援1	3,403円	3,066円
要支援2	6,877円	6,196円
要介護1	10,320円	9,298円
要介護2	15,167円	13,665円
要介護3	22,062円	19,878円
要介護4	24,350円	21,939円
要介護5	26,849円	24,191円

▶ ③看護小規模多機能型居宅介護にかかる費用の目安

サービス費用の設定	同一建物以外	同一建物に居住
要介護1	12,341円	11,119円
要介護2	17,268円	15,558円
要介護3	24,274円	21,871円
要介護4	27,531円	24,805円
要介護5	31,141円	28,058円

主な24時間対応の地域密着型サービスにかかる費用の目安。①と③は要介護1～5の人のみ利用可。ちなみに「同一建物居住者」とは、医療保健機関が同一日に、同一建物の患者2名以上に訪問診療・看護を行なった場合、「同一建物居住者」として扱うもので、訪問診療料に影響する。厚生労働省ホームページ「公表されている介護サービスについて」をもとに作成

佐々木　ちなみに、こういった在宅介護は選ばずに、施設入居を選択して、たとえば介護付き有料老人ホームに入った場合でも考えてみましょう。
施設入居の場合も、介護保険を使ってサービスを受けるので、2万円という自己負担額は在宅介護同様です。訪問診療も受けるのでその費用もかかります。
ただここから違うのは、介護施設利用料がまるまる自己負担でかかることです。これは多額の入居金に加えて月々の家賃などで、いわゆるホテルコストと言われるものです。**入居金は高い施設だと何千万円**もしますし、**月額費用も東京では30万円で入れるところは少ない**です。**都心だと50万円くらい**はします。

柴　田　うわぁ、高い……。

佐々木　50万円も払うなら、それこそホテルに長期滞在したほうがいいかもしれない（笑）。それで昼間は介護サービスを入れて、夜は自費でヘルパーさんを頼んだり、呼んだりすれば、医師や看護師が来てくれる態勢をつくることもできる。

柴　田　なるほど。そういう考え方もありで、**在宅から施設へという一本道で考える必要はない**んですね。
ただ、夜中のトイレとか考えると、やっぱり施設なら同じ建物内にスタッフがいるからすぐに対応してくれるという安心感がありますよね。地域密着型サービスは、呼んで来てもらう、という形になるので、多少なりとも時間がかかるし、夜中に申し訳ないという気持ちも湧いてきそうです。

佐々木　そうですね。でも施設でもたいして変わりませんよ。夜中にヘルパーさんを呼べば、トイレまで一緒に行ってもらい、用が済むまで待ってもらって、出たかを確認されますが、ご本人はそういうことはできればしてほしくはないわけです。あるいは、施設であっても、おっしゃるように夜中にわざわざ呼ぶのはすまないと思ってしまう人もいます。だから、みんなこっそり夜中にトイレに行って、転んで骨折したりするんです。

柴　田　母も、入院中に看護師さんを呼ばずに、一人でトイレに行こうとして転んで、腰椎を圧迫骨折したことがあります（苦笑）。

佐々木　そうでしたか。よくあるんですよね。ですから、施設ならヘルパーさんがいるから安心かというと、実はそうでもなかったりするんです。それにベッドから落ちても自宅が和室で畳なら大事に至らないかもしれないですが、施設の場合は床がコンクリートですから骨折する可能性が高い。

柴　田　**一概に、施設が絶対にいいとも言えない**わけですね。

佐々木　もちろん自宅より施設のほうが住み心地がよくて、「ここにいると私は穏やかに過ごせる」という老人ホームもあります。そういう施設では、具合が悪くなって病院に入院した人が、退院が決まって、「どこに帰りたい？」と聞かれると、「そんなのホームに決まってるじゃない」と笑顔で答えます。

柴　田　家よりもホームに帰りたい、と。

佐々木　**老人ホームでも、そこがその人にとっての住まいとしてちゃんと機能する居心地のいい施設もあるん**です。そういうホームが増えるのは、もちろん大事なことですが、どうしてもお金がかかりますから。特養なら安く入れると言われますけど、個室のユニット型になると、月々の費用は10万円では足りません。これに介護や医療の費用が加わりますから、基礎年金だけではとても入れない。

柴　田　それなりのお値段になってしまうわけですね。

自宅で看取るという選択

柴　田　みなさん、「できれば、死ぬときは家で死にたい」とよく言います。

佐々木　そうですね。

柴　田　それが親の願いだと子どもがわかっている場合は、24時間対応の地域密着型サービスを利用して在宅で看取る選択もありかな、といま聞いていて思いました。

佐々木　自然な選択だと思います。年を取り、弱って死んでいくのは、人間にとって異常ではなく正常なことですから、むしろ**なぜ病院で最期を迎えないといけないのか、そのほうが疑問という考え方もある**わけです。

柴田　その場合、正常な死かどうかの見極めはとても重要な気がします。

佐々木　おっしゃる通りです。病気が原因なら病院へ行って治療すれば回復が期待できますが、老化に伴う機能低下であればそれはもう寿命ですから病院へは行かないで自宅で看てあげよう、という判断も出てくるわけです。

ただし、その姿を普段見てない人は、「なぜこんな状態で家にいるの!?」と驚いてしまいます。でも**ケアマネジャーさんや訪問看護師さん、ヘルパーさんなど、その方を長く看てきた人たちが「ここ1、2年でだんだん弱ってこられました。老衰です」と言うなら、在宅療養を選択してもいいのではないかと思います。**

柴田　では、病気だと思って入院したけれど治療してもよくならず、退院の目途《めど》もつかないまま延々と入院が続いているようなケースはどうですか?

佐々木　その場合は、病気というより老衰という理解のほうがいいかもしれません。そうなると、どれだけ治療しても、この先の回復は期待できません。亡くなるのがわかっているのにずっと点滴をされるのも気の毒です。病院では点滴を抜くと危ないからという理由で手足を拘束（身体拘束）されますから。

柴　田　そうみたいですね。

佐々木　そうまでして病院で亡くなるのを待つのであれば、治療をやめて自宅に帰って、在宅で療養をしたほうがいいのではないか、本人もそれを望んでいる——、という判断も当然あっていいわけで、その場合は、ケアマネジャーさんにそれを伝えて新しいケアプランを一緒に考えればいいのではないでしょうか。

柴　田　ただ、治療をやめて家に帰るという決断は、やはり重いですよね。

佐々木　確かに抵抗を感じる方が多いです。無理もありません。治療をやめるということは、お父さん、お母さんが亡くなる運命を受け入れることですから。でも病院で延々治療しても回復しないのであれば、結末自体は変わらないんですよね。

柴　田　残された時間を病院で身体拘束までされて点滴して過ごすのか、それとも住み慣れた自宅で少しでも穏やかな時間を取り戻して過ごすのか。

佐々木　そうです。

柴　田　冷静に考えれば、後者を選択する人が多そうです。

佐々木　ですが実際には、いざ自分が父母を家で看取って死なせる、という決断をするとなると躊躇《ちゅうちょ》があって、結局最期までだらだらと入院させるケースが多いんです。

柴田　ケアマネさんとかに相談するというのは？

佐々木　入院前にお世話になったケアマネジャーさんや在宅医療のお医者さん、訪問看護師さんたちと話をされると、たぶんみなさん、「お家に帰ったほうがいいと思いますよ」と背中を押してくれると思うんです。

なぜかというと、点滴をやめて家に帰るとすぐに死んじゃうかと言ったらそんなことはなくて、むしろ自宅に帰ったら元気になって、病院ではまったく食べられなかったごはんが食べられるようになる人が結構いるんですよ。

柴田　えーっ、そうなんですか！

佐々木　よくあることです。お父さん、お母さんは自分の家で過ごせることが嬉しいんですよ。**生活を取り戻すというのはそれだけ大事なこと**なんです。

柴田　自宅で点滴が必要な場合は？

佐々木　もちろん点滴でも酸素でも必要であれば、自宅でもします。ただ、病気が進行したり、老化が進んだりして、いよいよ自然に旅立つときが近づいてきた際には、実は点滴をしないほうが楽に過ごせる方が多いんです。

「肩が凝《こ》られたなら、ちょっと温めましょうか」とか「向きを変えましょうか」とか、**お体に触れるケアは「気持ちいい」とみなさんおっしゃるけれど、点滴するとむくみが増えたり、痰が増えたり、しんどくなることも少なくない。**

もちろん、脱水で具合が悪い方もいますから、その場合は点滴したら楽になるので、**ケースバイケースですけど、老衰で旅立つ準備をされている方の場合、最期に必要なのは介護であって、医療ではない**んですよね。

体をきれいにしてあげて、口をきれいにしてあげて、食べたいものがあったら食べさせてあげる。それでいいんです。それなら病院にいる必要はないわけです。

柴田　そうか、その気になれば、自分の家で死ねるんですね。

佐々木　病院で死ぬのが当たり前みたいになっていますからね。でも24時間対応の地域密着型サービスなどを利用すれば、認知症の人でも、末期がんの人でも、自宅で最期まで一人暮らしができます。

実際、私たちの患者さんも自宅で生活してる方の約3分の1は一人暮らしです。

老人ホームに入れば安心と言う方がいらっしゃいますが、老人ホームだって個室なら、ある意味独居ですよね。24時間の介護サービスがついていると言っても、実際はスタッフが「朝部屋に行ったら呼吸が止まっていた」と言って私たちが呼ばれることもあります。施設にいても一人で亡くなることもあるわけです。

亡くなるタイミングを見極めて送る

柴　田　一人暮らしの親が自宅で最期まで生活する場合、いよいよお迎えが近いかなとなったら、遠距離介護で離れている家族は、どう対応すればいいんですか。

佐々木　実はいま私の92歳の祖母が和歌山県で一人暮らしをしています。要介護2で、認知症もあるんですが、10代の頃から暮らしている家だからずっとここにいたいと言うので、家族は覚悟を決めてその願いを叶えてあげることにしたわけです。いまのところ週3回デイサービスへ通い、残りの日はヘルパーさんに来てもらってます。週末はご近所さんも顔を見にきてくれる。それで特に問題なく一人で生活できています。

柴　田　でも人間、いつどこで何が起こるかわからない。もし何かあったら?

佐々木　**在宅医療の先生もいるし、訪問看護師さんもいるので、何かあったらお医者さんを呼んでもらって対応してもらう。**たとえば、肺炎を起こしていれば、治る確率がどれくらいあるかも踏まえて、入院するかどうかを総合的に判断してもらいます。肺炎だから即入院とはなりません。

祖母はもう年ですから、入院しても治療中に寝たきりになって、ごはんも食べられなくなってしまうかもしれない。それなら自宅にいても残された時間は変わらないのではないか。だったら、在宅医療で可能な範囲の治療をしてもらうという選択もあると思っています。それでよくなればいいし、ダメだったらそのまま残りの時間をできるだけ穏やかに過ごせるようにするわけです。

ですから、**離れて暮らすご家族は、お父さん、お母さんに何か起きたら、その都度、在宅医療の主治医の先生やケアマネジャーさんなどと連絡を取り合いながら、状況を確認し、どうするのがいいか、相談して決めるのがいい**と思います。

柴　田　その都度、実家に帰る必要はない?

佐々木　ご家族が心配するのは当然ですから、可能な人は帰ればいいと思います。私だって祖母が倒れたと連絡が入れば、都合がつくなら、たぶんすぐに帰ります。**でも、無理してまで帰る必要はないと思います。**

柴　田　私も母が最初に倒れて入院したときは、親戚から連絡をもらっても、どうしても外せない仕事があって、すぐには病院へ駆けつけることができませんでした。

佐々木　実際に私たちが東京で看取るお父さん、お母さんも、息子さんは大阪にいますとか、シカゴにいますとか、遠距離にお住まいの方がかなりいます。そういう方から、よくこんなご相談をいただきます。「いよいよ父もだいぶ弱ってきたようですが、もってあとどれくらいですか?」と。

柴　田　あぁ、余命というか、最期までの残り時間……。

佐々木　ええ。それでたとえば、「2週間から1カ月の間です」とお答えすると、「それなら半月後に2週間の休みを取って帰ります」などとおっしゃるわけです。

柴　田　親の最期を看取るために?

佐々木　そうです。実際、そうやって息子さんや娘さんが帰省したタイミングで、まるで帰ってくるのを待っていたかのように静かに息を引き取られる方もいます。

柴　田　お医者さんやケアマネさんなどと密に連絡を取り合うようにすれば、そういうことも可能なわけですね。**それにしても新しい考え方ですよね。遠距離介護で離れて暮らす親を亡くなるタイミングを見極めて送るというのは。施設や病院で亡くなるのが当たり前ではなくて、別の選択肢もあるというのがよくわかりました。**

佐々木　要介護度が上がると医療も介護も大変になると考える方が多いんですが、実際には要介護度が上がると寝たきりでベッドから動けなくなるので、ケアは楽になるんです。一緒にお買い物に行く、といったケアがなくなりますから。それよりも、ベッドの上でより快適に過ごせるように支援するとか、ちょっと車イスに乗せて日向《ひなた》ぼっこをするといったことに、ケアの重点がシフトするんです。だから要介護度が上がるとケアが大変ということはなく、むしろ要介護1、2でも認知症があったりすれば、そのほうがはるかに大変だったりします。

柴　田　自由に動き回りますからね。

佐々木　そうなんです。見守りで苦労する。**介護の負担は、要介護度の軽重だけでは判断できないことが少なくない**んです。

在宅介護を阻む二つの要因

柴　田　24時間対応の地域密着型サービスのようなものが増えると、自宅で最期まで暮らしたいという人がこれから増えそうな気がします。

佐々木　内閣府の「国民生活白書」(平成30年版)によると、どこでどのような介護を受けたいかという質問に、**自宅で介護を受けたいと回答した人の割合は73・5%**(「自宅で家族中心に介護を受けたい」「自宅で家族の介護と外部の介護サービスを組み合わせて介護を受けたい」「家族に依存せずに生活ができるような介護サービスがあれば自宅で介護を受けたい」と回答した人の割合の計)にもなります。

柴田　7割以上が在宅介護を望んでいる。

佐々木　これは医療介護の面から見ても技術的には十分可能なんです。でも実際には施設や病院で最期を迎える方が多い。

柴田　なぜですか？

佐々木　在宅でのケアを阻《はば》む要因が大きく二つあるからです。**一つ目は「自宅より施設が安心」というご家族の意識**です。

柴田　「お母さんを家に一人で置いて何かあったらどうするの？」「お父さん、一人だと心配なのよ、お願いだから施設に入って」といった意識でしょうか。

佐々木　「自分は遠方に離れて住んでいて、親に何もしてあげられないから、せめて施設ぐらいはいいところに入れてあげたい」といった話もよく聞きます。

▶ 介護に関する希望

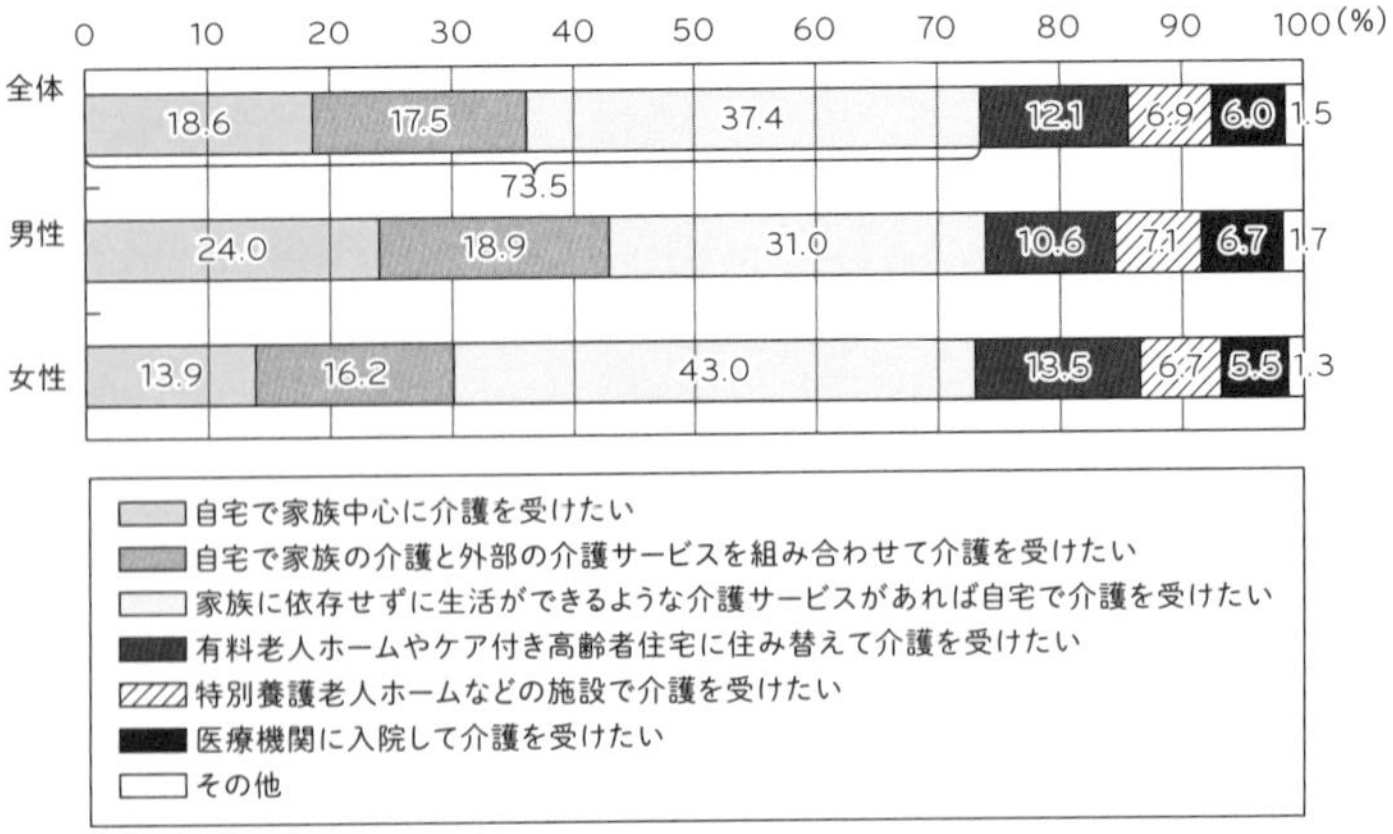

全国の40歳以上の男女に「自分の介護が必要になった場合にどこでどのような介護を受けたいですか」と質問した結果。内閣府「平成30年版高齢社会白書」をもとに作成

柴　田　親孝行のつもりで。

佐々木　でもお父さん、お母さんは、一人暮らしが大変になっても施設ではなく家にいたいと思っているかもしれない。先の内閣府のデータを見てもその可能性は高い。となれば、家族が施設入居を望むことは、本当にお父さん、お母さんのためになるのか、という話にもなってきます。

それでも施設に入ってほしいのは、実は家族が安心したいからかもしれない。家に一人でいるより施設に入って見守られているほうが安心だから。

あるいは、誰かに親のことを聞かれても、「自分は親の面倒をちゃんと見ている」と言えるようなエビデンスがほしいだけなのかもしれない。

柴　田　うーん、耳が痛い。自分もそうかもしれない。でも今回、24時間対応の地域密着型サービスの話を聞いて、それなら最期まで自宅もありかな、と思うようになりました。少なくとも選択肢が増えた。

佐々木　とても大事なことだと思います。

柴　田　そうした選択肢があることを知らないと、「自宅は心配だから」と単純に考えてしまいそうな気がします。実際これまで自分はそうでした。

佐々木　私たちは老人ホームへも訪問診療で行くんですが、「家に帰りたい」「施設から出してほしい」と切望される方がいらっしゃるんですね。「死ぬまでここにいるのは嫌だ。家に帰りたい」って。

柴　田　ご本人が望んで入る場合はいいんですよね。

佐々木　もちろんです。ご本人が希望していて、実際、そこの生活に満足していらっしゃる方もたくさんいます。でもそういう方ばかりではないということです。

柴　田　それだと、やっぱりお気の毒ですよね。

佐々木　**在宅でのケアを阻む二つ目の要因は、介護人材の不足**です。

家にいたいと思ってもヘルパーさんの足りない地域が出てきており、社会問題になっているんです。24時間対応の地域密着型サービスの事業所がまだ少ないのも介護人材の不足が大きな一因になっています。

柴　田　そうなんですね。

佐々木　**65歳以上の高齢者人口は、2040年頃にピークを迎えるとされていますが、その時点で約70万人の介護スタッフが不足すると推計されています。**労働者人口が減っていく中で、大変なこの仕事をやってくれる人を70万人も増やさなければならないわけです。70万人と言ったら岡山市の人口と同じぐらいです。

柴　田　それだけの人をヘルパーさんにするのは……。

佐々木　お給料などの待遇をよくしたりしてよほど人材確保に力を入れないと、なかなか難しいだろうなと思います。そこで政府は、介護の効率化をはかるため高齢者が集まって暮らす集住や、介護施設が足りない都会から相対的に余力のある地方都市への移住を勧めたりしています。

柴田　それだけ介護人材の不足が深刻ということですね。

佐々木　自宅で介護を望む人にとっても無関心ではいられない問題です。

施設入居の一番のポイントは看取り率

柴田　自宅での介護を望む人が7割というお話がありましたが、逆に言えば3割の人は施設や病院を望んでいるわけですね。施設を選ぶポイントは?

佐々木　これはもう簡単です。**そこで最期までいられるかどうか**ですね。

柴田　看取りをしているかどうか。

佐々木　そうです。習熟されたヘルパーさんや看護師さんたちがいる施設は、日頃の健康管理がしっかりしているので、そもそも急変が起こりにくいし、何か起きたとしてもすぐ病院ではなく、施設内でできる限りのことをやってくれます。このためなるべく入院しないで済みます。結果として施設で最期まで過ごして旅立てる。**つまり看取りをしている施設は、ケアに自信があるから最期まで自分たちでケアができる**わけです。

柴田　逆に言えば、看取りをしてない施設はケアに自信がない？

佐々木　弱っていく人をどうしていいかわからない。だから何かあるとすぐに救急車で病院へ運んでしまう。**せっかくお金を払って施設に入ったのに、戻ることなく病院で亡くなるケースは少なくありません。**

柴田　そうなんですね。

佐々木　コロナ禍でこんなことがありました。ある施設に入居している95歳のおばあちゃんがコロナに感染しました。施設は「もう年だし、病院に入院するより、施設で点滴したり、酸素を吸入したりしながら、様子を見たほうがいい」と判断しました。どうなったと思いますか？しばらくするとすっかり回復して元気になったんです。でも同じようにコロナに感染した別の施設のおばあちゃんは、「施設でコロナの人は看られません」と言われ、入院することになったんですが、病院は治療する場所だから介護のケアができないんです。ベッドに寝かされたままごはんも食べられなくなってガリガリに痩《や》せ、施設に帰って10日後に亡くなってしまいました。

柴田　その人にとっての最適な選択は何なのかということをきちんと考えて、どんな状況であってもちゃんと看てくれる施設を選ばないと後悔しますね。

佐々木　その意味で**信頼できる施設を選ぶ一番簡単な方法は看取り率**ですね。入居している方がどれだけ最期まで過ごせているかを見るもので、**高いほど信頼できます。**

柴田　看取り率は一般の人にもわかるんですか。

佐々木　公表しているところはわかります。公表してないところは聞いてみたらいいと思います。「施設で最期を迎えられますか。最期まで施設にいる方は何%ですか」と。**目安は50%。それに届かない施設は介護力に問題ありかなと思います。**

柴田　自信があれば答えてくれる？

佐々木　そう思います。

親が望む「残りの人生の幸せ」をキャッチする

柴田　いま遠距離介護をやっている方、あるいはこれから遠距離介護を考えている方に、これだけは伝えたい、考えてほしい、ということはありますか？

佐々木　そうですね。やっぱり**「何かあったらどうするの？」という考え方からちょっと距離を置いてみてはどうですか、ということ**でしょうか。

柴　田　と言いますと？

佐々木　「何かあったらどうするの？」という問いは、そもそも「年寄りは死ぬな！」と言ってるのと同じです。**お父さん、お母さんが高齢で要介護になるということは、近い将来弱って亡くなる運命が近くまで来ている、ということですから、まずは大前提としてそれをご家族で共有すること**です。そのうえで残された時間をどこでどう過ごすのがお父さん、お母さんにとって一番幸せなのか、いいことなのかをご家族も一緒になって考えるべきだと思います。

柴　田　それには医療との関わり方とか死生観とか、そういうことを親子で共有するような作業も必要なのかなと思ったりするんですが。

佐々木　それは大事なことですけど、子どもから「お父さん、最後はどこで死にたい？」「どこでどんな医療やケアを受けたい？」「延命治療はどうしたい？」「胃ろうは？」などと聞かれても、ご両親もあまりいい気持ちはしないと思うんです。最近は「人生会議」というのがあり、自分はどこでどんな治療をどこまで受けて死にたいか、あらかじめ話し合っておきましょう、というキャンペーンを政府がやっているんですけど、正直やりにくいし、うまくやれないと思うんですよ。**それより大事なことは、お父さん、お母さんが「残された人生があとどれぐらいあると思っているのか。その中でどう暮らしたいのか。死ぬまでにやっておかなきゃと思ってることはないのか」などをご家族が知っておくこと**ですね。

柴田　それだと、親に聞く場合、たとえば、「お父さん、仕事を辞めてもうだいぶ経つけど、何かやっとかなきゃいけないことはないの？」といった感じでしょうか？

佐々木　そうです。親御さんにそういう問いを投げかけることで、この先の限られた時間でどんなふうに生きたいのかをキャッチする。するとお父さんが、「実は四国に遍路回りに行ってみたいんだ」と言い出したりして、えーそんなことを考えていたんだと意外な一面を知ることができたりするんです。そうしたらその夢をどうやって叶えるかを一緒に考えていけばいいわけです。

ご両親が残されたこれからの時間をどんなふうに過ごしたいのかがわかれば、医療や介護をどこでどんなふうに受けたいかも自ずとわかるはずなんですね。「自分の生命力の限りで生きたい」と言われたら、「延命治療はしなくていいんだな」とわかりますから。なので、ご両親はこれからどんなふうに生きていきたいのか、お子さんたちはぜひキャッチをしていただきたいと思うんですね。

そうすれば、不測の事態が起こったとしても、お父さんなら、お母さんなら、きっとこうするだろうと考え、ご両親が納得する選択を代わりにしてあげることができると思うんです。

柴　田　どうしてほしいかエンディングノートに書き残しておくのはどうですか。

佐々木　そうですね。**でも紙に書くのは難しいんですよ。**だって何が起こるかわからないじゃないですか。ある人は100歳まで生きるつもりでエンディングノートを書くかもしれないし、別のある人はあと5年しか生きられない前提で書くかもしれない。でもその通りに人生が流れていくかといったら、そんなことは誰にもわからないわけです。高齢者ですから、明日突然死するかもしれない。

柴　田　それなのに、「どこでどんな医療や介護をしてほしい」と書くことにどれほどの意味があるのか、ということですか？

佐々木　私はそう思います。ですから**お父さん、お母さんにとっては、エンディングノートより、これからの人生の目標、やっておきたいこと、やらなきゃいけないことなどをじっくり考えてもらって、ご家族に伝えてもらうことのほうがずっと大事**ではないかと思うんですね。ご家族はそれを叶えるためのお手伝いをする。**介護や医療のサービスはそれを支えるための道具であって、お父さん、お母さん**

は別に医療や介護を受けるために生きてるわけじゃないんですよ。いまはちょっと優先順位がおかしな方向に向いてしまっていると思います。

柴田　残りの人生をどう生きたいかが先にないといけない。

佐々木　そうです。

柴田　でも、なかには「延命治療は絶対嫌だ」「胃ろうなんかしたくない」などの明確な意思を持ってる人もいますよね。うちの母なんかそうだったんですけど、そういうのは書き残しておいたほうがいいんじゃないですか？

佐々木　**そういう方は、書き残すより日頃からご家族にそういう話をされておいたほうがいい**です。生き方や死生観に関わる話はインパクトが強いので、ご家族はまず忘れません。覚えています。

柴田　そう言えば、母が倒れて入院したとき、「延命治療はどうしますか？」とお医者さんに聞かれ、以前母が「いらない」と言っていたのを覚えていたので、そのように伝えました。確かに記憶にズドンと入り込んでくる話ですよね。

佐々木　そうなんです。**ですから医療や介護に強い思いがあるなら、それを直接言葉でご家族に伝えておいたほうがいい**と思います。

というのもエンディングノートに中途半端に書かれてしまうと、何を意味してるのか、文字からだけではわからないことがよくあるんです。

柴田　あー、文章が曖昧《あいまい》で。

佐々木　そうなんです。たとえば、ある患者さんは「点滴は絶対しないで」とエンディングノートに書いていていました。その方がある夏の猛暑の日に熱中症になった。熱中症は2日も点滴したら元気になるんですが、点滴はするな、とある。字面通りに解釈すれば点滴はできません。私はエンディングノートを前に悩むわけです。点滴すれば2日で回復するこの人を、このまま死なせるのかと。

柴田　どうされたんですか？

佐々木　点滴をしました。2日後には元気になりました。それでその方に聞いたんです。「点滴はしてくれるなとあるけど、点滴しましたよ。よかったでしょ？」と。そうしたら、「よかった」と言うわけです。
じゃあ、その方はどういうつもりでそう書いたのかと言うと、「延命治療はしたくない」という意味なんです。熱中症のための点滴まで拒否してるわけじゃない。だったら「点滴をしても残された時間が変わらないのであれば、もう点滴をしてくれるな」と書かないとわからないわけです。

柴田　なるほど。**自分の考えていることが正しく伝わるように書かないと、かえって混**

乱をもたらすだけなんですね。

佐々木　だから紙に書いて残すのは難しい。字面通りに「点滴するな」とあるからと点滴をしなかったら、その方はそのまま亡くなってしまいます。

柴　田　**書くより話すほうが、ニュアンスが伝わりやすい。**

佐々木　そうなんです。だからこそ、ご家族に自分の言葉で思いを伝えておく必要があるんです。そうすればいまの熱中症の事例でも、「確かにお父さん、点滴するなって言ってたけど、あれは延命治療はするなという意味だから、熱中症なら点滴を拒否するはずがない」とご家族もわかるし、それを医師に伝えられるわけです。

柴　田　エンディングノートは家族や友人などへの大事なメッセージとよく言われますけど、書くなら正しく意図が伝わるようにしないといけないわけですね。

佐々木　**そうでないとかえって弊害のほうが大きくなってしまいます。医療や介護だとそれが生死に関わることもある**わけです。

柴　田　これは大事なお話ですね。みなさん、書くなら、自分がどうしてほしいのか、ちゃんと伝わるように書きましょう!

在宅介護・医療の専門家に学んだ

重要ポイントの復習！

□ 小さな違和感をスルーしない

親の身体・認知機能が徐々に衰えてきた場合、介護・医療のお世話になるか判断が難しいもの。帰省時などに親の言動に違和感を覚えたらスルーせず、地域包括支援センターに相談を。

□ ケアマネさんに親が望むものを伝える

在宅介護・医療が必要になった場合、まず親がどういう生活を望む人かをケアマネさんに伝えること。それがどんな介護サービスを利用するか等、プラン作成において重要な情報に。

□ リスクを理解したうえで認めることも大事

在宅介護・医療が必要な状態でも、「お酒が飲みたい」「家事がしたい」等に生きる喜びを見出す人も。時には多少のリスクを承知でOKを出すことが、親の元気につながることに。

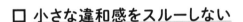

□ 増加する24時間対応の地域密着型サービス

定期巡回・随時対応型訪問介護看護、小規模多機能型居宅介護、

看護小規模多機能型居宅介護（177〜178ページ参照）など在宅でも24時間対応のケアサービスも登場しているのでご検討を。

□ 費用面では地域密着型在宅サービスが安い

24時間対応の在宅ケアサービスは介護保険の自己負担分（月2万〜3万円程度）で利用でき、数千万円する入所金・数十万円の月額がかかる介護施設と比べ、費用面はかなり安い傾向に。

□「入所・入院」は絶対ではない

親が自立困難になると即施設入所や入院が選ばれがち。ただいまは上記の24時間対応の在宅サービスもあるので自宅療養・自宅看取りも可能に。親の希望に沿う選択の幅を持つのが◎。

□ 親が施設入所を望む場合は看取り率を確認

親が施設入所を望む場合は、もちろん施設の検討を。その場合は、看取り率をチェックして、せっかく入った施設に最期までいられるのか、確認することを忘れずに。

□ エンディングノートだけでなく直接話す

近年はエンディングノートを書く親が増えているものの、文字情報のみだとニュアンスが不明なことも。特に延命治療などに強い意思がある親の場合は、直接話しておくことが重要。

第4章

教えて専門家の人！

介護にかかる
お金の問題は、
どうしたらいいですか？

高山一恵

たかやま・かずえ

株式会社Money&You取締役
ファイナンシャル・プランナー（CFP®、1級）
東京都出身。慶應義塾大学文学部卒業。2005年に女性向けFPオフィス、株式会社エフピーウーマンを創業。10年間取締役を務めたあと、現職へ。女性向けWEBメディア『FP Cafe』や『Mocha』を運営。また『Money&You TV』や『マネラジ。』等でも情報を発信。全国での講演、執筆、マネー相談を通じて、女性の人生に不可欠なお金の知識を伝えており、明るく親しみやすい講演には定評がある。『はじめてのNISA&iDeCo』（成美堂出版）、『1日1分読むだけで身につくお金大全100』（自由国民社）、『マンガと図解　定年前後のお金の教科書』（宝島社）など著書・監修書は累計120万部を突破している。

［株式会社Money&Youホームページ］
https://moneyandyou.jp/

1 うちの親に、介護保険は使えますか？

そもそも「介護保険」って何ですか？

柴田　介護と言えば欠かせないのは介護保険ですが、そもそも**「介護保険って何？」**という人が少なくないと思うんです。保険料を払ってる自覚もあまりないですし。

高山　確かに、それは言えるかもしれませんね。

柴田　健康保険や年金だったら、意識のうちにあるじゃないですか。まあ、私みたいに芝居をやる人間は、たいてい若いうちは定収入がないから、国民健康保険料を払えない人がいっぱいいいたし、国民年金保険料を払ってない人もたくさんいましたけれど。保険証を持ってない役者とか普通にいましたからね。たぶん、いまもそんなに変わらない（苦笑）。けど、それでも払えていない自覚はある。

私の場合はたまたま親がしっかりした人たちで、「それだけは払っておかなきゃダメだよ」と言ってくれたので、カツカツの生活でしたけど、頑張って国保も年金も全部保険料を切れ目なくなんとか払ってました。
それでも、介護保険となると遠い先の話で全然ピンとこなかったですね。だから「介護保険って何？」という人は多いと思うんです。そもそもの話ですが、介護保険の制度が始まったのはいつでしたっけ？

高山　2000年の4月ですね。まず基本的なことからお話ししますと、**介護保険というのは、介護を必要とする人やその家族がなるべく少ない負担で介護サービスが受けられるように社会全体で支える制度で、40歳以上は加入を義務付けられています。**

柴田　40歳以上はみんな入らなきゃいけない。

高山　そうです。基本的に40歳になった月から、介護保険料の支払い義務が生じます。詳しくはまたあとで述べますが、**保険料を払っていれば、収入に応じて、実際にかかった費用の1～3割の自己負担で介護サービスを利用できます。65歳以上の多くは1割負担ですが、現役並みの所得がある場合は2～3割負担**になります。**夫婦の場合、「年金収入＋その他の所得額」の合計が年間348万円以上で2割、463万円以上で3割負担**です。

柴田　介護保険って以前は1〜2割負担でしたよね？　母の介護が始まったときはそうでした。3割負担はいつから？

高山　2018年8月からです。収入のある方には負担してもらおうということですが、年金収入に加えて、お父さんもお母さんもバリバリ働いていたり、不動産収入があったりすると、年金プラスその他の所得が463万円を超え、3割負担になるケースが少なくないんですね。
私のお客様にも「親は1割負担だと思っていたのに、意外と収入があって3割負担で驚いた」という方がいます。

柴田　そうなんですね。

高山　ですから、なかなか聞きにくいかもしれないですけど、親の年金プラスその他の所得

▶ 介護保険における利用者負担割合の判定基準

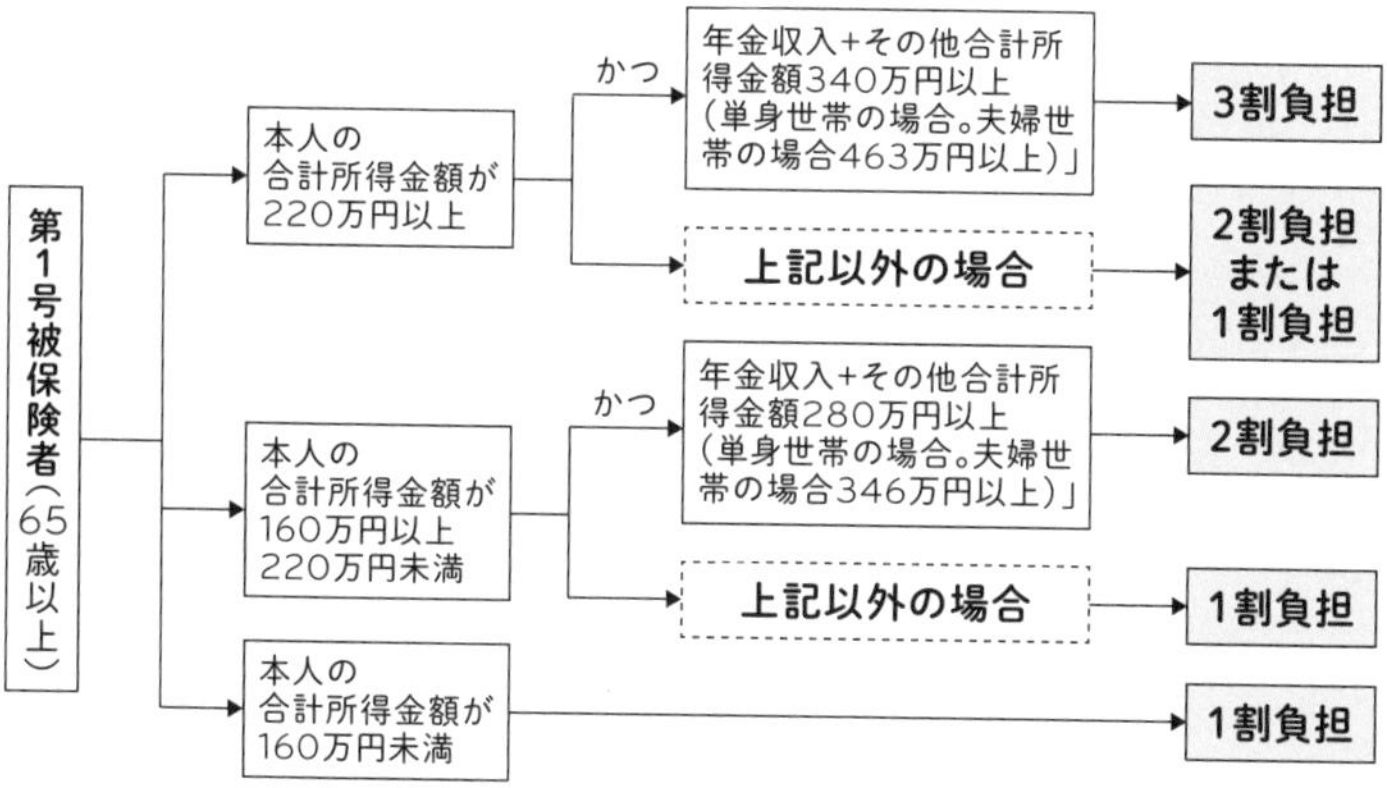

介護保険制度における利用者負担割合の判定基準。介護保険における「第1号被保険者」とは65歳以上のすべての人のことを指します。厚生労働省「給付と負担について（参考資料）」をもとに作成

がどれくらいあるのか、把握しておいたほうがいいと思います。同じ介護状態でも自己負担が1割と3割では負担額が3倍も違うわけですから。

介護保険料は地域や所得で違う

柴田　介護保険の保険料はどうやって決まるんですか？

高山　**40～64歳（第2号被保険者）の保険料は、国保や健保など加入している医療保険の保険料率に基づいて算出**されます。

65歳以上（第1号被保険者）の保険料は、被保険者の所得等に応じて市区町村が決定します。

このため、**地域や所得によって保険料は大きく違ってきます。**

柴田　そうなると、離れて暮らす親を子どもが引き取って面倒を見る場合は、介護保険料が高くなってしまうこともあるかもしれませんね。

高山　とても大事なご指摘です。**介護保険料の安い地域から高い地域に転居すると、まさにそれが起こるわけで、親の年金額はその分減ってしまいます。**親を引き取る場合は、そのあたりのことも考慮に入れたほうがいいと思います。

▶ **所得段階別介護保険料**（65歳以上）

段階	住民税の課税状況	対象者	保険料年額
第1段階	生活保護を受けている方		19,400円
	世帯全員が非課税	・老齢福祉年金を受給されている方 ・本人の合計所得金額+課税年金収入が80万円以下の方	
第2段階	世帯全員が非課税	本人の合計所得金額+課税年金収入が80万円を超え120万円以下の方	32,400円
第3段階	世帯全員が非課税	本人の合計所得金額+課税年金収入が120万円を超える方	45,300円
第4段階	本人が非課税かつ世帯に課税者がいる	本人の合計所得金額+課税年金収入が80万円以下の方	51,800円
第5段階	本人が非課税かつ世帯に課税者がいる	本人の合計所得金額+課税年金収入が80万円を超える方	64,800円
第6段階	本人が課税	本人の合計所得金額が120万円未満の方	74,500円
第7段階	本人が課税	本人の合計所得金額が120万円以上210万円未満の方	81,000円
第8段階	本人が課税	本人の合計所得金額が210万円以上320万円未満の方	97,200円
第9段階	本人が課税	本人の合計所得金額が320万円以上500万円未満の方	113,400円
第10段階	本人が課税	本人の合計所得金額が500万円以上750万円未満の方	129,600円
第11段階	本人が課税	本人の合計所得金額が750万円以上1,000万円未満の方	149,000円
第12段階	本人が課税	本人の合計所得金額が1,000万円以上1,250万円未満の方	168,400円
第13段階	本人が課税	本人の合計所得金額が1,250万円以上1,500万円未満の方	187,900円
第14段階	本人が課税	本人の合計所得金額が1,500万円以上2,000万円未満の方	207,300円
第15段階	本人が課税	本人の合計所得金額が2,000万円以上の方	226,800円

東京都千代田区の所得段階別の介護保険料年額一覧（令和3～5年度）。被保険者の負担能力に応じて介護保険を支払う額に傾斜がついており、自治体ごとに各段階における介護保険料支払い額も異なる。千代田区ホームページ（https://www.city.chiyoda.lg.jp/koho/kurashi/hoken/riyosha/nofu/hokenryo-65.html）をもとに作成

ちなみに、**65歳以上の介護保険料の平均額は年々上がっていて、2002年度の2911円に比べて、2022年度は6014円と2倍以上**になってきています。

柴田　20年で2倍以上⁉

高山　そうなんです。しかも、**介護保険料は一生涯払い続けないといけません。**

柴田　仕事をリタイアした年金暮らしの人も？

高山　そうです。

柴田　自分が介護状態になって介護保険を利用するようになっても？

高山　そうなんです。

柴田　あー、そりゃ大変だ。

高山　でも、払わないと介護保険が使えませんから、介護費用が高額になり、そのほうが負担はずっと重いものになります。頑張って払いましょう。

柴田　払わないと、結局泣きを見るわけですね。

高山　**介護保険料は、個人事業主の方などは国民健康保険の保険料に上乗せ**されます。
会社員の場合は、お給料から健康保険料が天引きされますが、そこに介護保険料が上乗せされる形で徴収されます。なので、気づきにくいんですね。
40歳になるとお給料は同じなのに急に手取りが減りますが、それは介護保険料が天引きされるようになるからです。手取りが減って「あれ？」となってから、初めて介護保険の存在に気づく方は結構います。

柴田　私も事務所に聞いたような気がします。「手取りが減ったんですけど、何かあったの？」って（苦笑）。

高山　びっくりしますよね。それでこの介護保険は、65歳以上の第1号被保険者と40〜65歳未満の第2号被保険者で介護保険を使える条件が違います。

柴田　と言いますと？

高山　**第1号被保険者は何が原因で介護が必要になっても介護保険が使えます**が、第2号被保険者は末期がん・脳血管疾患・パーキンソン病など16の特定疾病《しっぺい》で介護認定を受けた場合に限り、サービスを受けることができます。
ですから、**40代、50代、60代前半の人が、たとえば交通事故に遭って、要介護の状態になったとしても、16の特定疾病にはあたらないので、介護保険を使えない**んです。

柴田　65歳以上なら交通事故でも使える？

高山　事故でも病気でも何にでも使えます。介護保険は年齢によって使える条件が変わってくるんです。

▶ 特定疾病一覧

	第2号被保険者が介護保険の対象として認められる16の特定疾病
1	がん（医師が一般に認められている医学的知見に基づき回復の見込みがない状態に至ったと判断したものに限る）
2	関節リウマチ
3	筋萎縮性側索硬化症
4	後縦靱帯骨化症
5	骨折を伴う骨粗鬆症
6	初老期における認知症
7	進行性核上性麻痺、大脳皮質基底核変性症及びパーキンソン病
8	脊髄小脳変性症
9	脊柱管狭窄症
10	早老症
11	多系統萎縮症
12	糖尿病性神経障害、糖尿病性腎症及び糖尿病性網膜症
13	脳血管疾患
14	閉塞性動脈硬化症
15	慢性閉塞性肺疾患
16	両側の膝関節又は股関節に著しい変形を伴う変形性関節症

第2号被保険者が介護保険を利用できる特定疾病一覧。2023年10月現在、全部で16の特定疾病に認められている。厚生労働省ホームページ（https://www.mhlw.go.jp/topics/kaigo/nintei/gaiyo3.html）をもとに作成

高山　先程お話ししたように第2号被保険者（40〜64歳）の場合、介護保険料は会社員なら給料から健保と一緒に天引きされ、自営業なら国保と一緒に支払います。これに対して、**65歳以上の第1号被保険者の介護保険料は、受け取る年金の年額が18万円以上の場合は年金から天引き、18万円未満の場合は市区町村から送られてくる納付書か口座振替で納付**します。前者を特別徴収、後者を普通徴収と言います。

柴田　そう言えば、母も年金から介護保険料が天引きされてると言ってました。

高山　でしょう。多くの方は年金からの天引きで、納付書等で払う人は少ないはずです。

柴田　介護保険料を払わないとどうなるんですか?

高山　納付期限（特別徴収：年6回の年金支給月に天引き／普通徴収：7月〜翌年2月まで年8回各月末までに納付）までに払わないと延滞金が加算され、**滞納期間が1年を超えると給付制限といって1〜3割の自己負担で介護サービスが利用できなくなるなどのペナルティ**が科されます。最悪の場合は差し押さえ処分を受けます。

柴田　それは痛いですね。

高山　繰り返しになりますが、**介護保険が使えないと介護費用の負担は大変重い**ものになります。それを考えたら保険料はきちんと払うほうが絶対にいいと思います。

柴田　そうですね。ただ、なかには本当に生活が苦しくて、保険料を払うのが難しいとい

高山　う人もいると思うんですけど、何か救済策はあるんでしょうか？

災害や新型コロナウイルス感染症による収入の減少など**特別な事情がある場合は、介護保険料の支払いの免除や猶予《ゆうよ》などの制度があります。**詳細な利用条件は市区町村ごとに定められていますので相談してみるといいと思います。

柴田　生活保護を受けている場合は？

高山　生活保護受給者で40～64歳の場合、介護保険料を支払う必要がなくなります。65歳以上の場合は、形としては介護保険料を支払うことになりますが、この費用は生活保護費から賄われるので、実質的な負担はありません。

生活保護の場合は年齢に関係なく介護保険料の負担はないということです。

介護保険を使うには要介護認定が必要

高山　柴田さんのお母様も介護保険で介護サービスを利用されていますよね。

柴田　はい、お世話になっています。

高山　**介護保険を利用するには、まず「あなたは要介護の状態です」という認定を受ける必要があります。**要介護認定と言います。認定手続きの流れは次に示す通りです。

①地域包括支援センターに相談
親の様子が気になったら、まずは地域包括支援センターに相談する。

↓
②要介護・要支援認定の申請
介護保険を利用して介護サービスを受けるには要介護認定が必要なので、市区町村の介護保険担当窓口で要介護・要支援認定を申請する。また、申請では「主治医の意見書」が審査判定の際に必要になるので、作成してもらう医師を指定する。

↓
③認定調査
どの程度の介護が必要かを判断する訪問調査（自宅または病院、施設での聞き取り調査）が行なわれる。

↓
④審査判定（**一次判定・二次判定**）
聞き取り調査の内容をもとにコンピュータで一次判定を行なう。その後、介護認

定審査会が一次判定の結果と「主治医の意見書」を参考にして二次判定を行ない、要介護のレベルを決定する。

↓

⑤認定・結果の通知

「非該当」「要支援1～2」「要介護1～5」のいずれかに認定され、原則1カ月以内に結果が通知される。

柴田　認定結果が出るまでに結構かかりますね。

高山　**ですから、親の様子がおかしいと感じたら、早めに地域包括支援センターに相談したほうがいい**と思います。

柴田　介護認定の申請手続きは、具体的にはどうやればいいんでしょうか？

高山　**介護認定の申請は、親の住む市区町村の役所窓口で本人や家族が行ないます。またこの手続きは、地域包括支援センターにお願いすると代理でやってくれます。**ですから、親が一人暮らしで、子どもが東京などで離れて暮らしている場合などでも、申請のためにわざわざ会社を休んで帰省しなくて済みます。

柴田　それは助かりますね。帰省の手間も時間も費用も浮きます。

高山　「介護保険（要介護・要支援）認定等申請書」は市区町村のホームページからダウンロードできるほか、市区町村の役所窓口や地域包括支援センターで入手可能です。

柴田　申請に必要な書類は？

高山　**65歳以上（第1号被保険者）の場合、申請書のほかに、介護保険被保険者証（介護保険証）、マイナンバー確認書類、本人確認書類、主治医の情報（氏名・医療機関名・所在地・電話番号）が必要**になります。介護保険証は65歳の誕生日を迎える前に市区町村から送られてきます。

柴田　介護保険証って65歳になる前に送られてくるんですね。最近まで知りませんでした。

高山　そういう方がほとんどだと思います。いまはまだ健康だという人も、将来的に介護サービスを受ける際に必要となるので、大切に保管するようにしましょう。

柴田　**親の介護が必要になったとき、見つからないと困る（再発行してもらう必要がある）ので、どこに保管してあるのか、親に確認しておくといい**と思います。どこに置いたか忘れてしまっているかもしれないので。

柴田　ところで、主治医の情報というのは？

高山　**それは要介護認定の審査判定において必要になる「主治医の意見書」を書いてくれ**

る医師の情報のことです。申請書で「この先生に依頼します」と指定します。正確な要介護度を判定してもらうには、親御さんの健康状態をよく知っている医師にお願いするのが一番です。申請書で指定した医師には、市区町村から意見書の作成依頼があるので、あらかじめ了承を得ておく必要があります。入院している場合は、担当医にお願いします。

柴田　主治医と呼べるような先生がいないときは、どうすればいいですか？

高山　その場合は、市区町村の指定する医師の診断を受けて意見書を作成してもらうことになります。

柴田　介護認定では、申請した本人に会って聞き取り調査もしますよね。

高山　訪問調査ですね。認定調査員（市区町村の職員など）が直接本人の自宅を訪ねて、国で定めた「認定調査票」に基づいた聞き取り調査を行ないます。

柴田　病院や施設に入院・入居中であれば、そちらでやりますよね。母はそうでした。

高山　おっしゃる通りで、その場合は病院や施設へ伺って調査します。

認定調査票は、概況調査・基本調査・特記事項の三つで構成されていますが、調査の中心となるのは基本調査で、「身体機能・起居動作」「生活機能」「認知機能」「精神・行動障害」「社会生活への適応」などについて聞き取りが行なわれます。

▶調査票に基づく主な確認事項

認定調査票に基づく主な確認内容	
(1) 概況調査	**現在受けているサービスの状況（在宅利用・施設利用）**
	置かれている環境等（調査対象者の家族状況、住宅環境等）
(2) 基本調査	**①身体機能・起居動作に関連する項目** 麻痺等の有無／拘縮（関節が固まってしまうこと）の有無／寝返りができるか／起き上がりができるか／座位を保持できるか／両足で立っていられるか／歩けるか／立ち上がれるか／片足で立っていられるか／洗身（浴室で全身を洗うこと）できるか／つめ切りができるか／視力はどうか／聴力はどうか
	②生活機能に関連する項目 ベッドからイスなどへ移乗できるか／トイレやお風呂などへ移動できるか／食事はできるか（えん下能力など）／排尿、排便はどうか／洗顔、歯磨き、洗髪、整髪はどうか／上着やズボンなどの着替えができるか／外出の頻度はどうか
	③認知機能に関連する項目 意思の伝達はできるか／毎日の日課を理解しているか／生年月日を言えるか／自分の名前を言えるか／短期記憶はどうか（面接調査の直前に何をしていたか思い出せるか）／いまの季節を理解しているか／場所の理解があるか（自分のいる場所がわかるか）／徘徊の有無／外出して戻れないことはあるか
	④精神・行動障害に関連する項目 物を盗られたなど被害的になることがあるか／事実とは違う話（作話）をすることがあるか／泣いたり笑ったりして感情が不安定になることはないか／昼夜の逆転した行動はないか／しつこく同じ話をすることはないか／大声を出すことはないか／介護に抵抗することはないか／家に帰るなどと言って落ち着きがなくなることはないか／一人で出たがり目が離せないことはないか／収集癖はないか／物や衣類を壊すことはないか／ひどい物忘れはないか／意味もなく独り言や独り笑いをすることはないか／自分勝手に行動することはないか／話がまとまらず会話にならないことはないか
	⑤社会生活への適応に関連する項目 薬の服用はできるか／金銭の管理ができるか／日常の意思決定ができるか／家族以外の集まりに参加できるか／買い物ができるか／簡単な調理ができるか
	⑥特別な医療に関連する項目
	⑦日常生活自立度に関連する項目
(3) 特記事項	**基本調査の項目の定義にうまく当てはまらないが特記すべき調査内容については特記事項として各調査項目の記載欄に記す。**

認定調査票に基づく主な確認事項の内容。厚生労働省「要介護認定における『認定調査票記入の手引き』、『主治医意見書記入の手引き』及び『特定疾病にかかる診断基準』について」をもとに作成

柴田　訪問調査で知っておくべきポイントは何でしょうか？

高山　**当日は、本人だけでなく家族も立ち会うこと**です。調査員の質問に対して、普段できていないのに「できる」と言ったりすることがよくあるからです。

訪問調査では、身体機能を確認するために、「歩いてみてください」とか「立ち上がってみてください」とか、実際の動作を求められることもあります。正しい判定を受けるには家族が立ち会い、正確な情報を伝える必要があります。

柴田　人間、年を重ねても自分をよく見せたい気持ちはありますからね（笑）。

高山　正直に答えないと適切な要介護認定は受けられませんし、場合によっては再調査になる可能性もあります。ですから、**普段の様子がわかるようにする、日常の生活ぶりを見てもらう、質問には正直に答える――。それが大事**になります。

家族は、親の実情がありのままに調査員に伝わるよう、サポートしましょう。質問されたこと以外でも、本人や家族が気になっていることがあれば、正直に調査員に伝えることです。特記事項に書き留めてくれます。

柴田　困り事や心配事があれば、あらかじめメモしておくなどして、当日、調査員に伝えるといいかもしれませんね。

高山　それがいいと思います。

要介護度に応じて利用できる介護サービスが決まる

柴田　要介護の判定は、要支援1～2と要介護1～5の7段階ですよね。この要介護度の違いは何を基準にしているんですか?

高山　**要介護度は、表**（**228ページ**）**の5分野の作業に、どれくらいの手間がかかるかを時間に換算して評価した「要介護認定等基準時間」というもので一次判定を行ない、最終的には主治医の意見書と総合した二次判定で決定します。**これは国が定めた介護の物差しで、判定の結果、要支援2分類、要介護5分類に分かれます。

簡単に言えば、**要支援は、基本的に一人で生活できるけれど、掃除ができない、浴槽をまたげない、といった暮らしの一部で介助を必要とする状態**です。

一方、**要介護は、日常生活全般で誰かの介護が必要な状態**を言います。

また、表では要支援2と要介護1の要介護認定等基準時間は同じですが、認知機能や思考・感情等の障害によって理解力・判断力の低下が見られる場合や、6カ月程度のうちに心身状態の変化が予測され、それに伴って要介護度が重度化する可能性の高い場合は、要介護1と判断されます。

▶ 要介護認定等基準時間を考える際に基準となる、介助内容5分野

直接生活介助	入浴、排泄、食事等の介護
間接生活介助	洗濯、掃除等の家事援助等
問題行動関連行為	徘徊に対する探索、不潔な行為に対する後始末等
機能訓練関連行為	歩行訓練、日常生活訓練等の機能訓練
医療関連行為	輸液（点滴）管理、じょくそう（床ずれ）処置等の診療の補助

▶ 要介護度を判定する際に基準となる、介助に要する時間

要支援1	上記5分野の要介護認定等基準時間が25分以上32分未満またはこれに相当する状態
要支援2 要介護1	上記5分野の要介護認定等基準時間が32分以上50分未満またはこれに相当する状態
要介護2	上記5分野の要介護認定等基準時間が50分以上70分未満またはこれに相当する状態
要介護3	上記5分野の要介護認定等基準時間が70分以上90分未満またはこれに相当する状態
要介護4	上記5分野の要介護認定等基準時間が90分以上110分未満またはこれに相当する状態
要介護5	上記5分野の要介護認定等基準時間が110分以上またはこれに相当する状態

厚生労働省「2015年の高齢者介護：参考⑶介護保険制度における要介護認定の仕組み」をもとに作成

柴田　要介護の度合いによって、介護保険で利用できるサービスや自己負担も違ってくるんですよね?

高山　そうです。表(230ページ)は、1カ月当たりの要介護度別の支給限度額と利用可能な介護サービスの目安ですが、**要介護度が上がるほど支給限度額も大きくなり、利用できる介護サービスも増える**ことになります。**支給限度額の範囲内で介護サービスを利用した場合の自己負担額は1~3割**です。

たとえば、1割負担の人が要介護1であれば、支給限度額は16万7650円で、自己負担額は1万6765円になります。2割負担の人が要介護3であれば、支給限度額は27万480円で、自己負担額は5万4096円になります。

また、**支給限度額を超えてサービスを利用した場合には、超過した分が全額自己負担**になります。介護保険で使えるサービス量も要介護度がいくつかによって違ってきますから、**たとえば、親御さんが要介護3と認定されたら、支給限度額はいくらになって、どのくらいのサービスが利用できるのか、といったことは確認したほうがいい**と思います。

柴田　私はケアマネさんに聞いて、いろいろ教えてもらいました。

高山　みなさん最初はわかりませんからね。それが一番です。

▶ 要介護度別の支給限度額と利用可能サービス

要介護度	1カ月あたりの支給限度額（自己負担1割または2割、3割）	利用できる在宅サービス・地域密着型サービスの目安
要支援1	50,320円 （1割5,032円） （2割10,064円） （3割15,096円）	**週2～3回のサービス** ◎週1回の訪問型サービス（ホームヘルプサービス等） ◎通所型サービス（デイサービス等） ◎月2回の施設への短期入所
要支援2	105,310円 （1割10,531円） （2割21,062円） （3割31,593円）	**週3～4回のサービス** ◎週2回の訪問型サービス ◎通所型サービス ◎月2回の施設への短期入所 ◎福祉用具貸与（歩行補助つえ）
要介護1	167,650円 （1割16,765円） （2割33,530円） （3割50,295円）	**1日1回程度のサービス** ◎週3回の訪問介護 ◎週1回の訪問看護 ◎週2回の通所系サービス ◎3カ月に1週間程度の短期入所 ◎福祉用具貸与（歩行補助つえ）
要介護2	197,050円 （1割19,705円） （2割39,410円） （3割59,115円）	**1日1～2回程度のサービス** ◎週3回の訪問介護 ◎週1回の訪問看護 ◎週3回の通所系サービス ◎3カ月に1週間程度の短期入所 ◎福祉用具貸与（認知症老人徘徊感知機器）
要介護3	270,480円 （1割27,048円） （2割54,096円） （3割81,144円）	**1日2回程度のサービス** ◎週2回の訪問介護 ◎週1回の訪問看護 ◎週3回の通所系サービス ◎毎日1回、夜間の巡回型訪問介護 ◎2カ月に1週間程度の短期入所 ◎福祉用具貸与（車イス、特殊寝台）
要介護4	309,380円 （1割30,938円） （2割61,876円） （3割92,814円）	**1日2～3回程度のサービス** ◎週6回の訪問介護 ◎週2回の訪問看護 ◎週1回の通所系サービス ◎毎日1回、夜間対応型訪問介護 ◎2カ月に1週間程度の短期入所 ◎福祉用具貸与（車イス、特殊寝台）
要介護5	362,170円 （1割36,217円） （2割72,434円） （3割108,651円）	**1日3～4回程度のサービス** ◎週5回の訪問介護 ◎週2回の訪問看護 ◎週1回の通所系サービス ◎毎日2回の（早朝・夜間）の夜間対応型訪問介護 ◎1カ月に1週間程度の短期入所 ◎福祉用具貸与（特殊寝台、エアーマットなど）

要介護度別の支給限度額と利用可能な介護サービスの目安。公益財団法人 生命保険文化センター ホームページ「ひと目でわかる生活設計情報」をもとに作成

介護保険の対象外のサービス

柴田　介護保険って、利用できそうだけど実は使えないサービスがありますよね。いつだったか母が、いつもお世話になってるヘルパーさんに、「おいしいお饅頭《まんじゅう》があるから、少し手を休めて一緒に食べましょうよ」と言ったら、「せっかくですけど、それは対象外なんですよ」と言われて驚いた、という話をしてくれました。

高山　特に訪問介護サービスの場合、線引きが難しいケースがありますね。ただ**基本的に、次の三点は介護保険の対象外です。誰かに頼む場合は、全額自費**になります。

①ヘルパーさんが行なわなくても日常生活に支障がない行為
②日常的に行なわれる家事の範囲を超える行為
③介護される方ではなく、その家族のために行なう行為（または、家族が行なうのが適当と判断される行為）

柴田　介護を受けている親のためにごはんのおかずを作るのはいいけど、家族のためのおかずは作っちゃいけない、というわけですよね？「孫の分も作って」とか。

高山　そうです。それは家族が自分たちで行なうべきことだからです。**具体的には次にあるような行為が介護保険の対象外**になります。

- 利用者以外のための洗濯、調理、買い物、布団干し
- 来客の応接（お茶、食事の手配等）
- 話し相手や茶飲み相手
- 草むしり、花木の水やり、植木の剪定《せんてい》
- ペットの世話（犬の散歩など）
- 利用者が不在時のサービス提供（留守番など）
- 趣味活動や旅行への同行
- 銭湯や理美容室等への外出介助
- 主に利用者が使用する居室以外の掃除
- 大掃除、窓のガラス磨き、床のワックスがけ

●家具や電気製品などの移動や修繕
●洗車、家屋の修繕など日常的な家事の範囲を超えるもの

柴田　来客の応接とか、つい頼んでしまいそうですよね。「お茶出して」とか。

高山　気心の知れたヘルパーさんだと、余計にそうかもしれませんね。

柴田　甘えが出ちゃう。「プランターの花に水やって」とか「犬を散歩に連れていって」とか。私、ケアマネさんから聞いたことがありますよ。お手伝いさんだと思って、あれもこれもやらせる憎ったらしいおじいさん、おばあさんもいるって。

高山　利用者の中には介護保険の対象外になるサービスをよくご存じでない方もいらっしゃると思うので、ご家族は介護のスタッフさんと連絡を密にして、「何か無理なお願いはしていませんか？」と聞いてみるといいかもしれませんね。

柴田　人のいいヘルパーさんだと、嫌だと断れずに、言われるままにやってあげちゃう人もいそうですよね、サービス残業みたいに。

高山　だと思います。その分はタダ働きですから大変です。**ヘルパーさんの離職の原因の一つにもなっているようで、利用する側も節度をわきまえないといけません。**

柴田　足が悪くて犬を散歩に連れていけないから「お願い！」という人もいるんでしょうけど、それは違いますよ、ペットシッターさんに頼みましょう、という話ですよね。

高山　介護保険は使えませんから、民間のサービスを利用するしかないんです。

柴田　サービスを受ける側にも節度や常識が必要ということですね。それこそ気のいいヘルパーさんが「いいですよ」と一度受けちゃうと、別のヘルパーさんに代わってその人が受けてくれないときに、「前の人はやってくれたわよ」となっちゃう。

高山　でもその人は、介護保険制度に正しく従ってるだけなんです。

柴田　とんだ災難ですよね、お手伝いさんじゃないんだから。

高山　やはりご家族のサポートが大事になるんじゃないかと思いますね。

介護保険が使えるのに使っていないケースが多い

柴田　世の中には、介護保険の対象外のサービスまで使い倒そうとする人がいる一方で、介護保険が使えるのに他人の面倒になりたくないからと利用しない人もいます。

高山　そうなんです。介護保険を使ってない方っていらっしゃるんです。福祉の世話になるのは恥ずかしい、他人を家に上げたくない、他人に弱みを見せたくない——、そんな方が多いようです。

柴田　デイサービスでみんなと一緒に歌うことや、折り紙なんかはしたくない、と（苦笑）。

高山　そういう方もいらっしゃるみたいですね。介護保険を使いたがらないのは、女性より男性のほうが多いとも聞きます。

柴田　大企業で偉い役職だった方など、現役時代のプライドが邪魔してしまうのかも。

高山　かもしれませんね。**問題は、要介護認定を受けても介護保険を利用していない人の多くは、いつかは介護保険の世話になる気だけど、いまは家族の手を借りれば一人で生活できるから、介護保険を利用するつもりはない、と考えていること**です。

柴田　介護と言ってもまだ程度が軽いから、家族の世話になればいい、と。それって家族は、いろいろな面で負担に感じてるかもしれませんよね。

高山　そもそも介護保険には、介護状態を悪化させないように予防する効果も期待されているわけで、**要介護度が低いうちから介護保険を使って適切な介護サービスを受けるほうが、家族の負担も軽くなりますし、介護費用の負担も抑えられます。**

柴田　家族は介護のことは素人ですから、面倒を見るといっても限度があります。

高山　**親の期待に応えようと頑張りすぎて、かえって要介護の状態を悪化させてしまうかもしれませんし、認知症やうつ病の発症につながる可能性だってあります。**

柴田　私の両親は、私が東京暮らしということもあって、子どもに面倒を見てもらうつもりはない、自分たちのことは自分たちで何とかする、という人たちだったので、基本的に一人で生活できるけれど、家事などにちょっと支援が必要かなと思ったら、自分たちで介護保険を申請したり、ケアマネさんと連絡を取ったりして、さっさと介護保険のお世話になるようになったんです。二人とも最初の介護認定は要支援1でした。だから介護保険を使わないで子どもに面倒を見てほしいというのは、いま一つピンとこないんですけど、実際いるんですよね。そういう話を周囲でも聞きますもの。家族の中で抱え込んじゃう。

高山　でも、そうすると家族は大変な負担を強《し》いられます。精神的にも肉体的にも金銭的にも。

柴田　そうですよね。介護疲れで一家崩壊とか、悲惨な話も聞こえてきます。

高山　自分で面倒を見るんだと頑張った末に介護離職に追い込まれ、生活破綻に至るケースもあります。そうした悲劇を防ぐには、そもそも介護費用はどれくらいかかるのか、まずはその現実を知っておく必要があると思います。

柴田　**そうすれば、お金の面から介護保険を使うべき理由も見えてくる。**

高山　そう思います。

2 介護費用はどれくらいかかりますか？

介護にかかる費用の平均的な目安

柴田　要介護の状態やその方の収入などで、介護保険の自己負担の割合も変わると思いますが、それでも何か介護にかかる費用の目安になるような数字はありますか？

高山　生命保険文化センターが行なった「2021（令和3）年度生命保険に関する全国実態調査」というのがありまして、その中に介護にかかった費用（介護保険の自己負担分を含む）についてのデータがあります。

それによると、**手すりの設置などの住宅改修費や介護用ベッドなどのレンタル代、腰掛便座などの購入費等々で一時的な費用が平均74万円**、それ以外に**毎月の介護費用が平均で8万3000円**かかっています。

在宅と施設のそれぞれの介護費用のデータもありまして、**在宅は月平均4万8000円、施設は月平均12万2000円**となっています。**介護期間の平均は5年1カ月。**これに月平均の介護費用をかけると、その間の**トータルの介護費用は、在宅で約293万円、施設で約744万円**になります。これが一つの目安になるのではないでしょうか。

住宅改修で給付を受けるには、事前申請が必要

柴田　私の実家でも、父がまだ元気だった頃に、母と「そろそろ年だから」と相談して、家の中の段差をなくしたり、階段に手すりを取り付けたり、少しだけバリアフリー対応の住宅改修をやってたんです。ただ、のちに母の在宅介護がいざ始まったらそれでは足りず、ケアマネさんに相談してだいぶ手直しをしました。

高山　最初にやられたご実家の改修は、介護保険を使って?

柴田　いや、あのときはまだ二人とも元気で、要介護認定を受けてなかったので自腹です。親孝行のつもりで私が全額出しました。要介護認定を受けたあとなら、最初にやった改修も介護保険が利用できたんですよね?

高山　そうです。**次の国が定める「介護保険が使える住宅改修」であれば利用できます。**

- 手すりの取り付け
- 段差の解消
- 滑りの防止及び移動の円滑化等のための床または通路面の材料の変更
- 引き戸等への扉の取り替え
- 洋式便器等への便器の取り替え
- その他、前の各項目の住宅改修に付帯して必要となる住宅改修

柴田　金額的には、介護保険からどのぐらい給付されるんですか？

高山　**介護保険の自己負担割合が１割の方なら、支給限度基準額20万円の９割に当たる18万円を上限に受けられます。**同様に、**自己負担割合が２割なら上限16万円、３割なら上限14万円の給付**になります。限度額の範囲なら何度でも申請できます。

柴田　いいですね。

高山　それから、要介護の度合いが三段階上がったり、転居したりした際には、改めて支給限度基準額の20万円が設定されることになっています。

柴田　リセットされるわけですね。

介護保険を使って住宅改修を行なう場合の注意点は、何かありますか？

高山　柴田さんがそうされたように、まずはケアマネさんに相談することです。というのも**介護保険から改修費の支給を受けるには、改修工事をする前にケアマネさんに「住宅改修が必要な理由書」（以下「理由書」）を作成してもらい、市区町村に事前申請する必要がある**からです。

柴田　事前の申請をしないとどうなるんですか。

高山　**事前申請がない場合は、原則として住宅改修費を受給できません。**

柴田　全額自腹ですか？

高山　そうなります。事前申請をしなかったことによるトラブルも増えているようなので、住宅改修を行なう場合は、必ずケアマネさんに相談しましょう。

ケアマネさんは、利用者に複数の業者から見積もりを取るよう説明する義務もありますから、業者さん選びなどにも相談に乗ってくれます。

柴田　業者さんのことなんて故郷を離れて暮らしていたらわかりませんからね。私もケアマネさんにいろいろ教えてもらいました。

価格差が大きい福祉用具のレンタル代

柴田　在宅介護では福祉用具をレンタルする機会が多いですね。

高山　**介護保険の対象になる福祉用具なら、1～3割の自己負担で表**（244ページ）**の品目が利用できます。**

柴田　うちも介護保険を使って住宅改修をしたとき、追加で取り付けた手すりはレンタルでした。母は基本的に在宅介護ですが、体調を崩して3カ月とか半年とか病院や施設に入るときは、必要ないので返してました。介護ベッドなどもレンタルでしたけど、同じように返却してました。

高山　福祉用具は必要に応じてその都度レンタルできますからね。ただし、**要介護度の違いによっては、レンタルできる福祉用具が異なるので注意が必要**です。要介護1以下では車イスや介護用ベッドはレンタルできません。

柴田　要介護の状態が軽いとレンタルできるものが限られるわけですね。

高山　そうなんです。

柴田　ちなみに、レンタル料はピンキリみたいですね。

高山　機能や性能などでかなり幅があります。

月額レンタル料の一例ですが、車イス：3000円台〜9000円台／介護用ベッド：8000円台〜1万3000円台／歩行器：3000円台〜6000円台／手すり：1万1000円台〜1万9000円台、といった感じです。

柴田　利用者が払うのは自己負担分だけでいいわけですよね？

高山　そうです。自己負担1割の方が、月3000円の車イスをレンタルすれば、月々の負担はその1割の300円です。同様に月1万円の介護用ベッドなら、月々の負担は1000円になります。

柴田　福祉用具のレンタル料金の相場がわかるような情報はありますか？

高山　**厚生労働省のホームページ**（**https://www.mhlw.go.jp/stf/newpage_14518.html**）に**「福祉用具の全国平均貸与価格及び貸与価格の上限一覧」**というエクセルデータがあります。

このデータを見ると、福祉用具の商品名や発売しているメーカー、その福祉用具の全国平均価格、レンタル料金の上限などが確認できます。

柴田　レンタル料金には上限価格というのがあるんですか。

高山　法外な値段をつける業者がいて問題になり、2018年の10月から上限価格が設けられるようになったんです。

柴田　なるほど。いずれにしろ全国平均があれば、高いか安いか目安になりますね。

高山　業者や商品選びの参考になると思います。

柴田　あと腰掛便座とか簡易浴槽などは、直接肌に触れるものなので、やはりレンタルはちょっと……ということで、介護保険を使って購入する方も少なくないと思うんです。実際、母もそうでした。介護保険で買える福祉用具には、ほかにどんなものがありますか?

高山　**介護保険で購入できるのは、表（244ページの③）に示した六つの福祉用具です。利用限度額は、要介護度ごとに定められている毎月の支給限度額（230ページ参照）とは別に、1年につき10万円まで。**その範囲内なら、1～3割の自己負担で済みます。ちなみに簡易トイレなら2万～3万円程度、簡易浴槽だと6万～8万円程度が主流です。1割負担の方なら、それぞれ2000～3000円程度、6000～8000円程度で購入できます。

柴田　購入額が10万円を超えた場合はどうなりますか?

高山　超えた分については、全額自己負担になります。

▶ 介護保険でレンタル・購入できる福祉用具

	介護保険が使える福祉用具	備　考
①要支援1、2と要介護1でレンタルできる福祉用具	手すり	身体等の状態によっては、②についても例外的に給付が認められる場合もある。
	スロープ	
	歩行器	
	歩行補助杖	
	自動排泄処理装置	
②要介護2～5でレンタルできる福祉用具	車イス（付属品含む）	要介護2～5の人は、①の5品目も介護保険適用でレンタルできる。
	特殊寝台（=介護用ベッド。付属品含む）	
	床ずれ防止用具	
	体位変換器	
	認知症老人徘徊感知機器	
	移動用リフト（つり具の部分を除く）	
③介護保険で購入できる福祉用具	腰掛便座（ポータブルトイレ、補高便座など）	
	自動排泄処理装置の交換可能部	
	排泄予測支援機器	
	入浴補助用具（入浴用イス、浴槽用手すり、浴槽内イス、入浴台、浴室内すのこ、浴槽内すのこ、入浴用介助ベルト）	
	簡易浴槽	
	移動用リフトのつり具の部分	

介護保険でレンタル・購入できる福祉用具。厚生労働省ホームページ（https://www.mhlw.go.jp/stf/seisakunitsuite/bunya/0000212398.html）をもとに作成

親の介護は親のお金でやるのが大原則

高山　お母様は病気で入院されたのを機に在宅介護になられたそうですが、当初のケアプランはどんな感じでスタートしたんですか?

柴田　デイサービスが週2回(月・金)、ヘルパーさんに来てもらう訪問介護が週3回(火・木・土)でした。**ケアマネさんに特にお願いしたのは、週1日はケアプランを空白にしてもらうこと。**デイサービスで留守にしたり、ヘルパーさんの訪問で毎日が埋まってしまうと、仲の良いご近所さんや地域の友人が訪ねにくいですよね。

高山　それで1日はそういう日をつくってあげよう、と。素晴らしい配慮です。

柴田　いえいえ。それで**月々の介護費用は、介護保険の自己負担分が約2万7600円、介護保険の適用外の費用(デイサービスの食事、おむつ代などの衛生用品をはじめとした生活備品など)が約5万円、合計約7万7600円。**そんな感じですね。費用はすべて母の年金で賄えています。

高山　柴田さんは介護費用の負担はされていないわけですね?

柴田　はい。もともと母は子どもの世話にはならないという強い信念の持ち主でしたし、両親は共働きで、母は長く小学校の先生をやっていたので、それなりに年金も蓄えもあるんだと思います。

高山　親の介護は親のお金で行なうのが大原則ですから、理想的だと思います。

実際、**厚生労働省の調査（「2019年国民生活基礎調査」）によれば、介護費用は親のお金を充《あ》てるケースが9割超、子どもなど親以外のお金が使われるケースは1割弱**です。ほとんどの世帯で親の介護は親のお金でやっていることがわかります。

ただし、親の年金や蓄えが少ないと子どもが支えざるを得ないこともあります。

柴田　そういう方が残りの1割弱いると。

高山　前にも述べたように介護期間の平均は5年を超えます。親のお金で介護できないとなると、その間、子どもなどが支えないといけなくなる。

柴田　子どもが、自分のためではなく、親の介護費用を出すために頑張って働くというのはなかなかつらいものがありますよね。自分だって家庭があるわけですから。

高山　特にいまの若い世代は給料も伸びないなど親世代とは経済状況が違いますから、この先、親の面倒まで見るとなると、それこそ自分の老後が大変なことになりかねません。そういう不安を抱えている方がとても増えています。

柴田　親の介護は親のお金で、という人が多いのは、親世代もそのへんのことを理解している人が増えてるのかもしれませんね。子どもに負担をかけちゃいけないと。

高山　そう思います。子ども世代がいろいろ大変なのはわかりますから。なので、親の介護は親のお金でやるものだと、親も子どもも割とドライに考える方がこれまで以上に増えているんじゃないでしょうか。

柴田　それでも、依然として「親の面倒は子どもが見るものだ」と考える人もいます。

高山　そこは親子の関係性もありますから難しいところです。

柴田　そうですね。悩ましい問題です。

高山　いずれにしろ、**どんな介護サービスを、どの程度使うと、どれくらいの金額になるか、まずは大まかな月額費用の概算を把握するといい**のではないでしょうか。**介護費用の概算が簡単に調べられるサービスを厚生労働省がホームページ上で提供していますから、ぜひ一度試してみてください。**

●厚生労働省ホームページ「介護サービス概算料金の試算」
https://www.kaigokensaku.mhlw.go.jp/?action_kouhyou_simulation_index=true

高山　このホームページ上で、必要な介護サービスを選択していくと、自動的に「1カ月の介護サービス費用試算額」と「自己負担額」が表示されます。

柴田　それはいいですね。介護がどんなものか、具体的にイメージしやすくなりますね。

施設介護の費用は？

柴田　要介護の度合いが重くなったり、一人暮らしが難しくなったりすると、施設への入居を考えないといけない場合もあります。費用はどう考えればいいんでしょうか？

高山　これはもう施設によってまちまちですが、目安としては次の通りです。

①公営施設

- 特別養護老人ホーム：月額目安　5万～15万円／入居一時金　0円
- ケアハウス：月額目安　5万～20万円／入居一時金　数十万～数百万円

②民間施設

- 介護付き有料老人ホーム：月額目安　15万～35万円／入居一時金　0～数千万円

●住宅型有料老人ホーム：月額目安　15万〜35万円／入居一時金　0〜数千万円
●サービス付き高齢者向け住宅：月額目安　10万〜30万円／入居一時金　0〜数十万円

柴田　みなさん希望されるのは安い公的な施設ですよね。

高山　そうなりますね。たとえば、**特別養護老人ホーム（特養）であれば、月額料金の目安は5万〜15万円くらい。要介護3以上が入居の条件ですが、民間に比べたらかなり料金が抑えられていますし、民間の施設のように身元保証人も必要ありません。**ただ希望者も多く、大都市圏だとなかなか空きがありません。場所にもよりますが、**地方だと割と空いている特養もあるので、地方狙いで考える人もいる**みたいです。

柴田　そう言えば、うちの近所に住んでらっしゃったおばあちゃまが、「東京だと混んでるから」と言って生まれ故郷の茨城の特養に入りました。

高山　故郷や何かしら縁のある土地ならいいかもしれませんけど、まったく見知らぬ土地だと、ちょっと溶け込むのに苦労するかもしれませんね。

柴田　全然知らない人たちの中に入るわけですからね。特養以外の公的な施設では？

高山　身寄りがない等の高齢者で自立生活が難しい方が入居できる**ケアハウス**がありま

す。**ケアハウスの月額目安は、比較的自立度の高い人が対象の「一般型」で5万〜15万円くらい、介護が必要な方を対象とした「介護型」でプラス5万円くらい**です。これに**入居一時金が数十万〜数百万円必要**になります。

柴田　一般型と介護型の違いは、もう少し具体的にどんなものでしょうか？

高山　**一般型で提供されるサービスは、食事や掃除、洗濯などの生活支援、緊急時の対応などで介護サービスはありません。**介護が必要になったときは、外部の介護事業所と契約してデイサービスや訪問介護を受けることになります。

これに対して**介護型は食事の提供や生活支援サービスのほかに、食事や排泄、入浴の介助といった介護サービスが、施設のスタッフから直接受けられます。**

柴田　大きな違いは、施設で介護サービスが受けられるかどうか、ということですね。

高山　そうです。付け加えると、**一般型は要介護3以上になると自立した生活が難しくなるので退去を求められる可能性**があります。一方、**介護型は要介護度が上がっても入居を継続でき、看取りケアに対応しているところも**あります。

柴田　そうなんですね。

高山　残念ながら介護型のケアハウスは数が少ないので常に需要過多です。希望されてもすぐには入れず、入居待ちということになると思います。

柴田　民間の施設はどうですか？

高山　公的な施設に比べると、民間の施設はだいぶお高くなります。たとえば、**介護付き有料老人ホームの場合、**最近は入居一時金が0円の施設も増えているものの、**依然として多額の一時金が必要になるケースは多く、なかには3000万円とか5000万円といった一時金が必要な施設もあります。**また、**月額の目安は15万〜35万円くらい**ですが、**24時間介護でスタッフも手厚く配置され、食事や日当たりもいい施設だと月40万〜50万円くらい**になります。

柴田　立地がよくて、きめ細かいサービスが受けられるとなれば、当然、それなりのお金がかかるわけですね。それにしてもいいお値段がしますね（苦笑）。

高山　月に1回、見守りのスタッフが同行して、ディズニーに行く施設もあるんですよ。あと外部の有名な方を呼んで講演会をしたり、レクリエーションをやったり。

柴田　お金があれば何でもできるわけですね（苦笑）。住宅型有料老人ホームというのは？

高山　**住宅型有料老人ホームは、自立生活ができる人や要介護の度合いが低い人向けの高齢者施設で、食事の準備や掃除、洗濯など生活に必要な援助を提供してくれます。**高齢者が支援を受けながら自立生活を送ることを目的としているので、**介護サービスはありません。介護が必要な場合は外部の介護事業所と契約し、デイサービスや**

訪問介護を受けます。先程登場した一般型ケアハウスの民間版という感じです。

柴田　どんな方が利用されるんですか。

高山　高齢者の中でも比較的若いシルバー層のディンクス（子どものいない共働き夫婦）の方などに人気なようです。二人で稼いである程度資産のある方が多い印象です。

柴田　費用の面は？

高山　**月額の目安はやはり15万〜35万円くらい。**入居一時金も0〜数千万円と幅がありますが、介護付き有料老人ホームよりは安くて**東京でも600万〜700万円くらいのところが多い**のではないでしょうか。

柴田　サービス付き高齢者住宅というのもありますね。

高山　サービス付き高齢者向け住宅、略して**「サ高住」は終身暮らすタイプの施設ではありません。**言うなれば、**安否確認や生活相談のサービスが付いた賃貸住宅**です。**住宅型有料老人ホームのような生活まわりの手厚いサービスは付いていませんし、介護サービスもありません。**必要があれば、自分で外部の業者と契約してサービスを受けることになります。

柴田　ということは、ある程度自立しているけれど、もしものときのために誰かの見守りがほしいという人向けの施設ですね。

高山　そうです。ですから一人暮らしの親が安心して暮らせる住まいとして、子ども世代の方が興味を持たれるケースもあるようです。**サ高住は、月額の目安が10万〜30万円ですが、一時金が必要ないケースが多く、あっても0〜数十万円程度。**このため住み替えがしやすく、重度な介護になるまではサ高住で暮らして、介護付きの老人ホームに移るという人もいます。

柴田　一時金の負担がない、あるいは軽い分、住み替えがしやすいわけですね。

高山　介護施設には、このほか、**認知症の方が介護スタッフの支援を受けながら少人数のグループで生活する「グループホーム（認知症対応型共同生活介護）」**があります。運営は社会福祉法人やNPOなどの公的なものから民間企業までさまざまで、**費用も入居一時金が0〜数百万円、月額料金は10万〜30万円とかなり幅があります。**

必要なのは95歳までのマネープラン

高山　施設への入居を考えている方に、ぜひお伝えしたいことがあります。

柴田　何でしょう?

高山　施設の職員の方に伺ったのですが、みなさん施設に入るときは、そんなに自分は長生きしないだろうと思い、人生の終焉《しゅうえん》を80～85歳くらいに想定し、そこまでの資金だけを用意して入ってくるんだそうです。

柴田　あっ、まずい予感が……。

高山　そうなんです。そういう人に限って長生きするんです。いまや女性の二人に一人は90歳まで生きる時代です。人生80年ではなく90年の時代なんです。まわりを見渡しても90歳とか95歳の元気なお年寄りが普通にいるはずです。

柴田　80歳や85歳で死ぬつもりのはずが、それを超えて生きちゃったら……。

高山　資金がショートしてしまいます。

柴田　あぁ……。その場合、どうなるんですか？

高山　家族がいれば代理で払ってもらうんですが、いない場合は無理ですよね。**一応3カ月程度の猶予はありますが、それでも払えないと施設を出ていくしかありません。**

柴田　えーっ、路頭に迷っちゃいますよね。どうすればいいんですか？

高山　**お金がない以上、生活保護の申請をして、生活保護受給者でも受け入れてくれる施設に入るしかない**と思います。

柴田　いままで豪華な部屋にいたのに……。悲しい。

高山　追い出すことになる施設職員の方も、非常につらいとおっしゃっていました。

柴田　そりゃそうですよね。ずっと顔を合わせていたんでしょうから。

高山　ですから職員の方がおっしゃるんです。「**マネープランは95歳まで生きると思って立ててください**」と。**それだけ資金ショートを起こす人が増えているんです。**

柴田　なるほど。自分の想定寿命よりプラス10年という感じですかね。

高山　おっしゃる通りです。必要なのは95歳までのマネープランなんです。

柴田　そのためには、どれくらい貯めておかないといけないんですか。

高山　高級な施設に入るなら、65歳時点で5000万円以上は必要ではないでしょうか。

柴田　2000万円問題どころじゃないですね……。

高山　**老後にはそれだけ必要だ、というあの2000万円って持ち家が前提**なんですよ。

柴田　えっ？

高山　家があれば家賃がかからないという前提なので、**持ち家じゃない人の老後は「月々の家賃プラス2000万円問題」**になるんです。

柴田　はあ……役者仲間が聞いたら気絶しますよ（苦笑）。でもそれが現実なんですよね。

高山　ですから**40代、50代の方は、まだ遅くないので少しでも資産を増やすことを考えたほうがいい**です。90歳まで生きるとしたら、残り40～50年あるわけですから。

柴田　詳しくは触れませんが、国が「iDeCo」や「積み立てNISA」を75歳までとか最長20年とか運用できるようにしたのもそのためです。**頑張って50歳から月3万円を年利5％で20年運用すれば1200万円くらいはつくれるはず**です。

入居一時金の返還規定のチェックは必須

柴田　ところで、入居一時金を何千万円も払ったのに、そこが嫌になって退居したくなる人もいると思うんです。その場合、入居一時金は返してもらえるんですか？

高山　まず、**入居から3カ月以内であれば、クーリングオフ**（短期特例解約）**が利用できるので、入居一時金のうち実際に滞在した日数に応じた月額費用や修繕費用などを差し引いた全額が戻ってきます。**これは法律で定められています。

柴田　3カ月を過ぎてしまった場合はどうなるんですか？

高山　**3カ月を超えると、初期償却《しょきしょうきゃく》といって、入居一時金の2～4割程度は基本的に戻ってこなくなります。**そして、残った入居一時金の6～8割分は、施設に入居していた期間に応じて返金される額が変わることになります。

柴田　返金される額はどんなふうに計算されるんですか？

高山　そもそも、基本的に**入居一時金とは、入居時点で、これからかかる施設家賃の全額**

ないし一部を「想定居住期間」に沿ってあらかじめ支払うことで、入居期間中の月々の支払い額を低く抑える、という考えに基づくものです。

ですから、この「想定居住期間」の満了前に退居する場合は、家賃に充てられるはずだった入居一時金の一部が戻る可能性が出てくることになります。

柴田　「想定居住期間」というのは?

高山　**施設側で、年齢や要介護の状態などから、「入居者の居住期間はこれくらいになるだろう」と確率的に設定した期間のこと**です。施設や入居者の状況によって異なりますが、だいたい5〜7年くらいに設定されます。つまり、この5〜7年ほどの**「想定居住期間」満了に近づくほど返金額は少なくなる、または0になります。**

柴田　じゃあ、逆に「想定居住期間」を超えて長生きされる入居者の場合は?

高山　もちろん、その可能性もあるので、**「想定居住期間」を超えて長生きされた場合の家賃に充てる費用というのも、入居一時金にはあらかじめ含まれています。**多くの場合、それが入居一時金のうち初期償却で消える2〜4割の分から賄われます。

柴田　なるほど。じゃあ具体的な話として、たとえばいま話していた一般的なケースで、入居一時金として1000万円支払ったとしたら、どうなりますか?

高山　入居した時点で200万〜400万円が初期償却されて、残りの600万〜800

万円は「想定居住期間」の5〜7年で償却されるということです。

柴田　ちなみに、「想定居住期間」＝償却期間が過ぎると、一銭も返ってこない？

高山　そうなります。

柴田　うわぁ……。お金が戻ってこないんじゃ、途中で「もうこの施設出たい！」と思っても、出るに出られませんね。

高山　なので、最初のクーリングオフ期間が大事なわけです。

柴田　**猶予は3カ月で、その間に施設の見極めをしっかりやればいい**わけだ。

高山　ちなみに、最初の3カ月を過ぎてしまった場合は、2〜4割が初期償却されるので、入居一時金で払ったお金はそれほど戻ってこないですよね？

柴田　ですね。入居時に交わした契約にもよりますが、たとえば一時金1000万円で数年居住していたら、戻ってくるのは数百万円ではないでしょうか。

高山　なるほど……。やっぱり3カ月以内の見極めが大事になりますね。

柴田　あと**「保全制度」といって、万が一施設が潰れてしまったときには、未償却の入居一時金が最大500万円まで保全される**ことになっています。

高山　償却やクーリングオフなども含めて、**大事なことは契約の際に確認する重要事項説明書に記載があるので、しっかり読んで不明点や疑問点は必ず確認すること**です。

柴田　細かい字で書いてあるやつですね（苦笑）。

高山　面倒くさいのでちゃんと読まない方が多いと思うんですけど、いま話したような大事なことはすべてそこに書いてあります。

柴田　あとで「そんな契約内容だったの!?」と騒いでも遅い、というわけですね……。

介護費用の負担を減らすには？

柴田　本当に、介護にはお金がかかりますね……。

高山　はい。介護の平均期間は5年1カ月とお話ししましたが、それはあくまで平均なので、もっと長期にわたるケースもあります。親のお金で介護できる場合はいいですが、子どもが支援する場合だと、いつまでこれが続くんだろうと、金銭的な負担だけでなく、介護疲れから心身の不調も来し、介護うつになる方もいらっしゃいます。

柴田　定年まで会社勤めをされていた方なら、厚生年金でそれなりの年金収入があるでしょうけど、世の中、そんな方ばかりではありませんからね。

あと、「お金はないけど、家はある」という話もよく聞きます。

高山　都市部などで資産価値があるなら、売るなり貸すなり、担保にしてお金を借りるなりの方法でお金に換える術もあるかと思いますが、地方だとなかなか……。

柴田　となると現実的な方法としては？

高山　やはり**国が用意した軽減措置を使うこと**です。なかでも**①高額介護サービス費、②特定入所者介護サービス費、③高額医療・高額介護合算制度が代表的**です。

柴田　具体的にはどんな制度なんですか？

高山　**①高額介護サービス費は、1カ月に払った介護利用費の合計が、所得に応じて設定される「負担限度額」を超えた際、超過分を払い戻してもらえる制度**です。

たとえば、課税所得380万円（年収約770万円）未満の人の場合、負担限度額は月4万4400円となり、その額を超えて介護利用費を払った場合は、自治体に

▶ **高額介護サービス費制度**

区　分		負担の上限額（月額）
課税所得690万円（年収約1,160万円）以上		140,100円（世帯）
課税所得380万円（年収約770万円）～課税所得690万円（年収約1,160万円）未満		93,000円（世帯）
市町村民税課税～課税所得380万円（年収約770万円）未満		44,400円（世帯）
世帯の全員が市町村民税非課税		24,600円（世帯）
	前年の公的年金等収入金額+その他の合計所得金額の合計が80万円以下の方等	24,600円（世帯） 15,000円（個人）
生活保護を受給している方等		15,000円（世帯）

①高額介護サービス費制度を利用する際に基準となる所得区分と負担限度額。もっとも人口の多い課税所得380万円（年収約770万円）未満の場合、負担限度額は月4万4400円になる。厚生労働省「高額介護サービス費の負担限度額が見直されます」をもとに作成

申請すれば払い戻しが受けられる、というわけです。

柴田　ありがたい制度ですね！

高山　**②特定入所者介護サービス費は、公的な介護施設やショートステイを利用する人向けの負担軽減措置**です。これらの施設を利用する場合、本来、居住費や食費は全額自己負担ですが、**低所得者には標準的な費用の額（基準費用額）と負担限度額（自己負担分）の差額を介護保険から給付**します。負担限度額は所得や施設の種類等で異なるのが特徴です。

柴田　最後の③の制度というのは？

▶ **特定入所者介護サービス費制度**

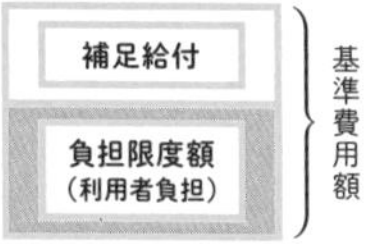

基準額
⇒食費・居住費の提供に必要な額
補足給付
⇒基準費用額から負担限度額を除いた額

	利用者負担段階	主な対象者	
負担軽減の対象となる者	第1段階	・生活保護受給者 ・世帯（世帯を分離している配偶者を含む。以下同じ。）全員が市町村民税非課税である老齢福祉年金受給者	かつ、預貯金等が単身で1,000万円（夫婦で2,000万円）以下
	第2段階	・世帯全員が市町村民税非課税であって、年金収入金額（※）＋合計所得金額が80万円以下	
	第3段階	・世帯全員が市町村民税非課税であって、第2段階該当者以外	
	第4段階	・世帯に課税者がいる者 ・市町村民税本人課税者	

※平成28年8月以降は、非課税年金も含む。

			基準費用額（日額（月額））	負担限度額（日額（月額））第1段階	第2段階	第3段階
食費			1,392円（4.2万円）	300円（0.9万円）	390円（1.2万円）	650円（2.0万円）
居住費	多床室	特養等	855円（2.6万円）	0円（　0万円）	370円（1.1万円）	370円（1.1万円）
		老健・療養等	377円（1.1万円）	0円（　0万円）	370円（1.1万円）	370円（1.1万円）
	従来型個室	特養等	1,171円（3.6万円）	320円（1.0万円）	420円（1.3万円）	820円（2.5万円）
		老健・療養等	1,668円（5.1万円）	490円（1.5万円）	490円（1.5万円）	1,310円（4.0万円）
	ユニット型個室的多床室		1,668円（5.1万円）	490円（1.5万円）	490円（1.5万円）	1,310円（4.0万円）
	ユニット型個室		2,006円（6.1万円）	820円（2.5万円）	820円（2.5万円）	1,310円（4.0万円）

②特定入所者介護サービス費制度を利用する際に基準となる所得区分・基準費用額・負担限度額。厚生労働省「第194回社会保障審議会介護給付費分科会【資料10】その他の事項」をもとに作成

高山　**③の高額医療・高額介護合算制度は、1年間（8月1日～翌年7月31日）の医療保険と介護保険における自己負担額の合算が高額な場合に、負担を軽減する仕組み**です。所得区分ごとに設定された負担限度額を超えた場合、市区町村に申請をすることで、その超過分が支給されます。

柴田　理解するのは難しいですが、条件を満たせば安くなるのはわかりました（苦笑）。

高山　すぐ理解できたら逆にすごいです。この種の軽減措置は私のような仕事の人間でも理解に苦労します。**軽減措置がある、ということだけ知ったら、一番いいのはケアマネさんに相談すること**です。この道のプロなので教えてくれるはずです。

柴田　ああ、よかった（笑）。

▶ 高額医療・高額介護合算制度

	75歳以上	70～74歳	70歳未満
	介護保険+後期高齢者医療	介護保険+被用者保険または国民健康保険	
年収約1,160万円～	212万円	212万円	212万円
年収約770～約1,160万円	141万円	141万円	141万円
年収約370～約770万円	67万円	67万円	67万円
～年収約370万円	56万円	56万円	60万円
市町村民税世帯非課税等	31万円	31万円	34万円
市町村民税世帯非課税（年金収入80万円以下等）	19万円	19万円	

③高額医療・高額介護合算制度を利用する際に基準となる所得区分と負担限度額。内閣府「高額介護合算療養費制度 概要 38」をもとに作成

高山　**ケアマネさんは、軽減措置の申請なども代理でやってくれます。**
また、関連した話で言えば、親が施設に入居後に、自治体から「あなたは軽減措置の対象になっていますよ」という案内が無人の自宅に送られ、誰も気づかないまま有効期限の2年を過ぎてしまった、というようなことがよくあります。
ですから、そんなときは**親宛ての郵便物をお子さんの住所へ送るように手配しておくこと**です。そうでないとせっかくの軽減措置を受け損なってしまいます。ちなみに、郵便物の転送手続きもケアマネさんにお願いすればやってもらえます。

柴田　それは大事な情報ですね。帰省費用も浮きますし。

高山　あと一つ言い忘れてました。障害者控除も利用できるかもしれません。
要介護になった場合、自治体によっては障害者認定をしてもらえます。すると障害者控除が受けられるので、税金が安くなり、公的サービスも安く使えます。

柴田　バスが無料になったりとか？

高山　そうです。

柴田　いずれにしろ、不明点と疑問点があれば、必ずケアマネさんに相談ですね。

高山　それがいいと思います。介護は自分一人で抱え込まないことが大切です。

介護のお金問題の専門家に学んだ

重要ポイントの復習！

□ 介護保険の利用には、要介護認定が必要

介護保険の利用には――①地域包括支援センターに相談／②自治体窓口への要介護・要支援認定の申請／③認定調査／④審査判定（一次判定・二次判定）／⑤認定・結果の通知――を受ける必要があり、時間もかかるので、親の様子がおかしいと感じたら、地域包括支援センターへの早めの相談が◎。

□ 要介護度で、介護保険の利用範囲が変わる

要介護認定の結果によって、介護保険からの支給額や受けられる介護サービスが変わるので、自分の親の場合はいくら支給され、どんなサービスまで受けられるか、あらかじめ確認を。

□ 介護費用の目安を把握する

住宅改修費などの一時的費用が平均74万円、毎月の介護費用が平均８万3000円で、介護期間の平均は５年１カ月なので、平均でも600万円弱の介護費用がかかるという心構えを。

□ 施設の特性を理解しておこう

一見同じに見える施設ですが、区分によって介護サービスがあるもの、生活支援を目的とするもの、看取りケアがなく病状が悪化すると施設を出ないといけないものなど違いがあるので、一時金や月額料金だけでなく施設の特性も要チェック。

□ 寿命を少なく見積もらない

80代までの人生のつもりが90代まで生き、資金がショートして施設の月額料金が不払いになり、退居を迫られるケースも。マネープランは、95歳まではは生きるつもりでの設定が大事。

□ 合わない施設は3カ月以内に退居を

施設の入居一時金は、契約から３カ月以内であれば、入居期間の生活費や修繕費用分などを除いて返金が。親御さんが入居施設にしっくりきていない場合は、早めの決断が吉。

□ 介護費が高額な際は、軽減措置の利用を

何かと高額になりがちな介護費用に対して、国では、①高額介護サービス費／②特定入所者介護サービス費／③高額医療・高額介護合算制度などの仕組みを用意しているので、ケアマネさんに相談のうえ、ぜひ利用を。所得に応じて設定されている負担限度額を超えて支払った分は、払い戻しされる可能性が。

おわりに

母の遠距離介護が始まってから、「柴田さんは、どんなふうに遠距離で介護をしているんですか?」とメディアなどで取材を受ける機会が増えました。

と同時に、ネット記事のコメント欄などでは、「遠距離で介護なんて本当にできるんですか?」「それを介護とは言いません!」といったご指摘を受けることもありました。

要介護の親御さんと一緒に暮らし、仕事も辞めて日夜自分で介護をされている方からしたら、「遠距離介護なんて都合のいい話」と言われるのは無理もないことだと思います。

でも、だからこそ、富山と東京という離れた場所で、いろいろな方々の手をお借りしながら要介護の母を看ている実情を、包み隠さずにお話しすることで、わずかでもみなさんのお役に立てることがあるかもしれないと思い、この本のオファーを受けました。

親子の関係性というのは、一筋縄ではいかないものです。愛もあれば、憎しみもある。ただ、そのすべてをひっくるめて親の人生の最後は自分の手で看てあげたいと思うもの。

しかし、その結果、介護の期間が長くなると、子どもの側が心身ともに折れてしまう。こうして、日本の介護における困難な構造がこれまで続いてきてしまった……。

若い世代が減っていくこれからの時代に、いままで当然とされてきた価値観・やり方だけに則《のっと》り家族のみで親の介護を行なっていくことには、限界がきているのかもしれません。

今回、専門家の方々にお話を伺う中で、「自分の手で介護をすることが親孝行」「ギリギリまでは自分自身で親を看るべき」と頑張りすぎてしまうことが、時に介護する子ども自身を苦しくしてしまうことを感じました。

また、早くから地域包括支援センターに相談をし、ケアマネさんやヘルパーさん、訪問医の先生を頼ってチームを組んでいけば、子どもは自分の仕事や生活を犠牲にする必要がなくなり、親も子どもに依存せずにプロの介護を前向きに享受《きょうじゅ》するようになる――。そんな介護のやり方も選べるのだと改めて気づきがありました。

そして、それはお金がないとできない方法ではなく、介護保険の制度をよく理解し、地域包括支援センターに相談して要介護認定を受けられれば、経済的な負担を減らしながらプロの助けを得られる、高額施設に入ることだけが介護ではないんだ、ということもよくわかりました。

私自身、仕事を辞め、親にぴったり寄り添って介護をしながら、親への最後の感謝を伝えたい、自分の手でやり切りたい。そういった気持ちはとてもわかります。

その一方で、「介護のプロでさえ、『自分の親の介護はするな』と最初に習う」という本文中の言葉には、それだけ親子間での介護が難しいという真実も詰まっていると思います。介護に正解はない――。だからこそ、この本がみなさんとみなさんの親御さんにとって、少しでも穏やかな介護が選べる一助になれれば、これほど嬉しいことはありません。

今回、お忙しい中でいろいろなことを教えてくださった、となりのかいごの川内潤先生、悠翔会の佐々木淳先生、Money&You の高山一惠先生、対談内容をまとめてくださった坂本邦夫さん、カメラマンの津田聡さん、祥伝社の名波さん、ワハハ本舗の岩崎マネージャー、森マネージャー、本当にありがとうございました。そして、地元富山で母を支え続けてくれている宮田旅館のヒトシ君、ケアマネジャーさん、ヘルパーさん、病院の先生方には、感謝してもしきれません。

いま介護に直面しているみなさま、そしてこれから介護に臨むみなさまのご負担が少しでも軽くなることを願ってやみません。最後までお読みいただきありがとうございました。

令和5年10月　柴田理恵

切りとり線

★読者のみなさまにお願い

この本をお読みになって、どんな感想をお持ちでしょうか。祥伝社のホームページから書評をお送りいただけたら、ありがたく存じます。今後の企画の参考にさせていただきます。また、次ページの原稿用紙を切り取り、左記編集部まで郵送していただいても結構です。

お寄せいただいた「100字書評」は、ご了解のうえ新聞・雑誌などを通じて紹介させていただくこともあります。採用の場合は、特製図書カードを差しあげます。

なお、ご記入いただいたお名前、ご住所、ご連絡先等は、書評紹介の事前了解、謝礼のお届け以外の目的で利用することはありません。また、それらの情報を6カ月を超えて保管することもありません。

〒101―8701（お手紙は郵便番号だけで届きます）
祥伝社　書籍出版部　編集長　栗原和子
電話03（3265）1084
祥伝社ブックレビュー　www.shodensha.co.jp/bookreview

◎本書の購買動機

＿＿＿＿新聞の広告を見て	＿＿＿＿誌の広告を見て	＿＿＿＿の書評を見て	＿＿＿＿のWebを見て	書店で見かけて	知人のすすめで

◎今後、新刊情報等のパソコンメール配信を　　希望する　・　しない

◎Eメールアドレス

@

100字書評

遠距離介護の幸せなカタチ

住所

名前

年齢

職業

柴田理恵（しばた・りえ）

女優。1959年、富山県に生まれる。1984年に劇団「ワハハ本舗」を旗揚げ。舞台やドラマ、映画など女優として幅広い作品に出演しながら、バラエティ番組で見せる豪快でチャーミングな喜怒哀楽ぶりや、優しさにあふれる人柄で老若男女を問わず人気を集めている。また、こうした活躍の裏で2017年に母が倒れてからは、富山に住む母を東京から介護する「遠距離介護」を開始。近年は自身の体験をメディアでも発信している。著書には、『柴田理恵のきもの好日』（平凡社）、『台風かあちゃん―いつまでもあると思うな親とカネ』（潮出版社）などのほか、絵本に『おかあさんありがとう』（ニコモ）がある。

遠距離《えんきょり》介護《かいご》の幸《しあわ》せなカタチ

要介護《ようかいご》の母《はは》を持《も》つ私《わたし》が専門家《せんもんか》とたどり着《つ》いたみんなが笑顔《えがお》になる方法《ほうほう》

令和5年11月10日　初版第1刷発行
令和6年 4 月20日　　　第4刷発行

著者　柴田理恵《しばたりえ》
発行者　辻　浩明
発行所　祥伝社《しょうでんしゃ》
〒101-8701
東京都千代田区神田神保町3-3
☎03(3265)2081(販売部)
☎03(3265)1084(編集部)
☎03(3265)3622(業務部)
印刷　萩原印刷
製本　積信堂

ISBN978-4-396-61815-5　C0095
祥伝社のホームページ・www.shodensha.co.jp
Printed in Japan